落語×文学

【作家寄席集め】

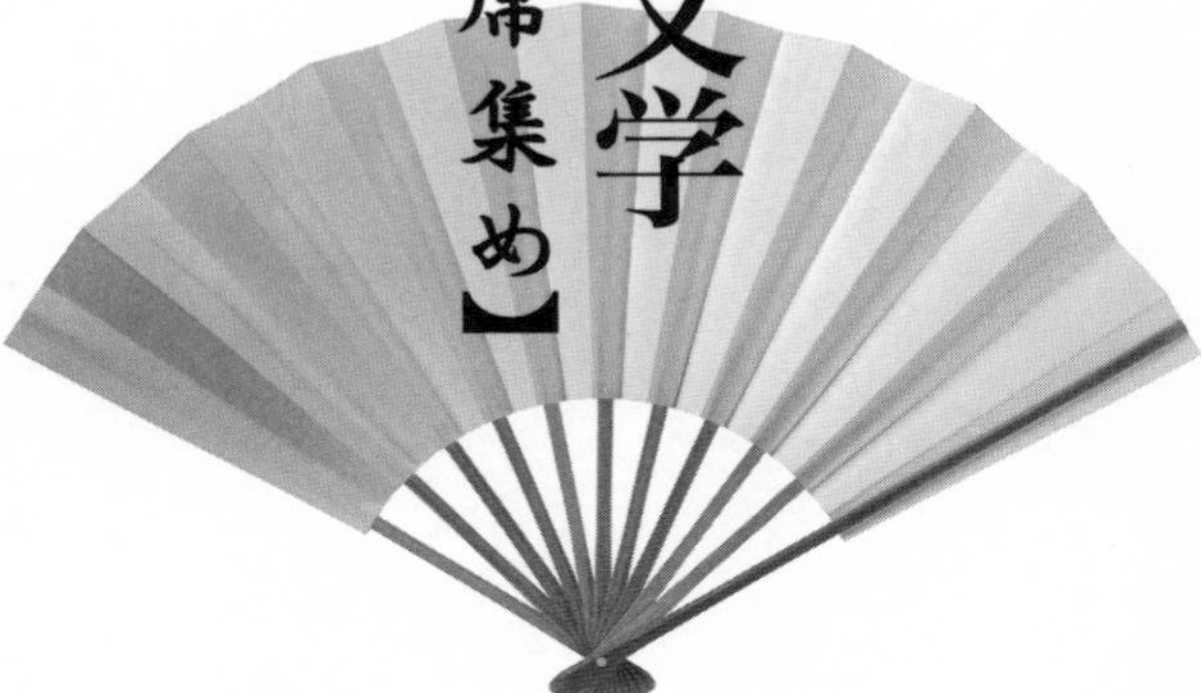

恩田雅和

彩流社

目次

奇跡の支配人・恩田雅和さん　六代　桂文枝　7

（1）坪内逍遙　12
（2）中江兆民　14
（3）斎藤緑雨　16
（4）森鷗外　18
（5）正岡子規　20
（6）夏目漱石　24
（7）二葉亭四迷　27
（8）幸田露伴　30
（9）泉鏡花　31
（10）徳田秋声　34
（11）南方熊楠　36
（12）松崎天民　39
（13）永井荷風　40
（14）芥川龍之介　43
（15）志賀直哉　45
（16）周作人　47
（17）渋沢栄一　50
（18）吉井勇　52
（19）岡本綺堂　54
（20）直木三十五　57
（21）内田百閒　60
（22）宇野浩二　62
（23）「動物園」と久米正雄　65
（24）「動物園」と小説作品　67
（25）辻潤　69
（26）食満南北　71
（27）宮本百合子　73
（28）折口信夫　75

（29）久保田万太郎　78
（30）林芙美子　80
（31）谷崎潤一郎　83
（32）江戸川乱歩　85
（33）活動弁士　88
（34）山本周五郎　90
（35）小島政二郎　93
（36）藤沢桓夫　95
（37）織田作之助　97
（38）武田麟太郎　103
（39）鍋井克之　105
（40）太宰治　108
（41）坂口安吾　110
（42）秋田實　115
（43）水原秋櫻子　117
（44）川端康成　120
（45）田河水泡　121
（46）永井龍男　124
（47）富士正晴　126
（48）深沢七郎　129
（49）長谷川町子　130
（50）手塚治虫　132
（51）向田邦子　134
（52）色川武大　137
（53）池波正太郎　139
（54）司馬遼太郎　142
（55）開高健　145
（56）吉行淳之介　146
（57）山口瞳　149
（58）塚本邦雄　152
（59）田村隆一　154
（60）星新一　157
（61）山田風太郎　160
（62）半村良　162
（63）吉村昭　164
（64）井上ひさし　166
（65）丸谷才一　169
（66）山崎豊子　170
（67）小松左京　173
（68）五代目神田伯龍　177

(69) 小沢昭一 179
(70) 藤本義一 181
(71) 阿川弘之 182
(72) 野坂昭如 184
(73) 田辺聖子 187
(74) 和田誠 189
(75) 池内紀 192
(76) 橋本治 194
(77) 古井由吉 196
(78) 安野光雅 198
(79) 肥田皓三 199
(80) 瀬戸内寂聴 201
(81) 石原慎太郎 203
(82) 西村賢太 204
あとがき　落語と文学と 207

奇跡の支配人・恩田雅和さん

六代　桂文枝

恩田さんは一九四九年新潟市で生まれたらしい。そういえば良く笹だんごを頂いた。ということは私より六歳年下ということになる。でも今まで年下と感じたことはない。会ったときから妙に落ち着いていて、はっきり言えば老けていた。

二〇〇七年に繁昌亭の支配人になって頂いた。

前任者の急な退任は恩田さんに繁昌亭に関わる運命を開くことになるのだが、私はそれまで恩田さんと全く面識がなかった。どこかでひょっとして会っていたかもしれないが、記憶にはなかった。

前任者を繁昌亭の席亭にとお願いしたのは、私で、大阪の放送局で大変お世話になった人であった。今も続く創作落語会を作って下さった人で、繁昌亭建設を、共にやってきた人で、私も全幅の信頼を寄せていた。

しかし、私は当時協会の会長をしていた関係で、どうしても、前任者を推薦している立場と協会の理事たちの間に、前任者を巡って少し溝が出来ていた。

前任者はすごく仕事が出来る人で、繁昌亭をもっと有名にしようと、頑張れば頑張るほど、組織の中で亀裂が生じ、私がどうすればと悩んでいるときに、家庭の事情を理由に自ら身を引かれた。

突然いなくなって困るのは、次なる人材だった。

そんなときに和歌山放送で落語の番組を長年に渡って制作し、落語家と交流があり、何よりも落語が大好きで落語への造詣も深いと推薦を受けたのが恩田さんだった。

こちらは落語の出番を組むという最大の仕事を任せられるか、どうかにかかっていた。人事を急いではいたが、誰でもよいというわけにはいかない。

結果恩田さんにお願いした。

なぜ、お願いしたかというと、若い噺家との交流があったことである。

何よりも次の落語界を背負って立つのは若い噺家で、和歌山放送局におられるときに、落語会を企画し、当然予算の関係から若い落語家を使うしかないので、若い噺家とは交流があり、恩田さんと交流のある落語家たちが、強く推したのである。

若い噺家をよく知っていること。

慶應義塾大学在学中から、落語をよく寄席で聞いていた、と言うことを鑑みて、すぐに支配人になって頂いた。

支配人になってからの恩田さんの動きは見事だった。

出演者の組み方をすべて任したわけではないが、出番を決める役員の出してきた出番表をいちいち連絡を取りながら、またそこに自分の考えをまじえ、一番難しく、寄席の根幹をなす出番作りを見事にやってのけた。

実に、その仕事ぶりは、出ず引っ込まず、やりこなし、その判断は常に正鵠を射て、会長である私を支えて下さった。

私は協会の会長として、いろんなことを先頭立って協会を仕切る人間として、距離を取りながら恩田さんと接した。私が何もかもに絡んでいると、みられんように、と恩田氏とは距離を置きながら。

いろんなことを企画した中で繁昌亭大賞というのを設け、真打ち制度がない上方落語に新しい人気者をつくろうと、考えた企画で大賞に誰が良いか、昼席のみの評価で決めるようにお願いし、恩田支配人の意見をずいぶん参考にさせて頂いた。

そんなこんなで恩田さんに全幅の信頼を寄せたのである。

学生時代、肺を患い、療養中に聞いた落語にはまり、一時は落語家になることも考えたとか、多分、やってみないと分からないが、ならなくて良かったと思う。

古典におそらくどっぷりとはまり込んでいたから、落語家になってもおそらく売れていなかっただろう。

私は落語家にとって古典落語はあくまでも勉強のテキストで、プロが面白くするためにあれこれいじくるのを、あまり賛成できない。

先達が作った古典という宝物は、出来るだけそのまま、おいておくべきで、そこに、近代的な入れごとをするのはもってのほかだと思っている。

その辺、恩田さんはおそらく、ズブズブの古典派に違いないが、新しい落語にも理解があるし、認めている節がある。

いつまでも支配人にと思っていたが、いつの間にか私が会長を退いてから、アドバイザーになられた。

それがどんな仕事なのかはよく知らないが、とにかくこれからも上方落語を盛り上げて頂きたいし、ゆっくりと、今まで立場上出来なかった落語について語り合うという機会を作って、ゆっくりと話し合いたい。私の夢である、落語がどうすれば、昔のように、演芸の中心になれるかについて、話してみたい。

今後、落語のことについてたくさん本を出して、落語ファンを増やして頂くことを望んでやみません。

最後に恩田さん、会長時代、いろいろ助けて頂いてありがとうございました。

感謝いたしております。いつまでも、お元気で。

落語×文学　作家寄席集め

（1） 坪内逍遙

日本の近代文学と演劇改良運動のリーダー的存在であった坪内逍遙（一八五九〜一九三五）は、言文一致体を創出した一人でもありました。

春のや主人という別号により二葉亭四迷と合作の名のもと明治二十年六月に出版された『浮雲』第一編は、四迷初の長編の礎となり、言文一致体小説の嚆矢ともいわれました。

のち四迷は当時文章をどう書いたらよいか迷って逍遙にアドバイスを求めたところ、「君は円朝の落語を知っていよう、あの円朝の落語通りに書いてみたらどうかという。で、仰せのままにやって見た」（「余が言文一致の由来」）と、出版前年頃に逍遙と出会ったことを物語っています。逍遙の頭の一部に、その時三遊亭円朝の落語が占めていたことが知られるエピソードです。

三遊亭円朝の名を一気に高めた『怪談牡丹灯籠』は、幕末の文久元年から元治元年、円朝二十三歳から二十六歳頃に作られたとみられ、速記本は明治十七年に刊行されました。その再版本に、逍遙は春のやおぼろ名で序文を寄せています。「通篇俚言俗語の語のみを用いてさまで華あるものとも覚えぬものから句ごとに文ごとにうたゝ活動する趣ありて」「我知らず或は笑い或は感じてほとほと真の事とも想われ仮作ものとは思わずかし」。わかりやすい言葉ばかりが使用されて作りものとは思われない真実味が表現されていると、ここで円朝作品を評していました。

逍遙が落語家に言及しているのは円朝ばかりではありません。明治十八年、分冊形式で刊行された逍遙の代表的小説『当世書生気質』には、白梅という名の寄席に入る三人の書生が描写されています。「折しも当席は、燕枝、柳枝などの一連にて、さしかはり入かはりて、陸続高座に登るものから、柳枝が高座にあがりし頃には、はや九時半とも思はれたり」。これに続き、「燕枝は実に精妙なア」「馬鹿アいひたまへ。ありゃア柳枝サ。柳枝と燕枝と、間違へてたまるものか。燕枝の方はあれよりか、ずっと精妙ヨ」。書生同士の会話を通して、初代談洲楼燕枝と三代春風亭柳枝との比較論が展開されているところで、これにより逍遙は、燕枝や柳枝ら当代の名人上手を確かに聞いていたことが分かります。

『当世書生気質』と同年、ほぼ雁行する形で出版された小説の理論書『小説神髄』にも、落語家が出てくる箇所があります。「東都の落語家某かつていへらく、輓近は観劇家の評するところも、大いにいにしへとおなじからず」など、演劇評論する者の不備な点を落語家某の言葉として引用していました。この落語家は従来三遊亭円朝と言われていますが、逍遙の落語家に対する幅広い見識と知識からいうと、円朝以外を指していたことも考えられます。

逍遙の東京帝国大学時代の友人に、愛川と号した山田一郎がいました。山田の没後十年の大正四年、『愛川遺稿』が出された折、逍遙は序文に、山田は漫歩を好み、よく学課を欠席したと記しています。そして自身は、「教場へは出でながらも、大抵は空想に気を取られて講師の言には耳を貸さず、夜は屢々近所の寄席に時を過して外出の門限におくれたり」と、回想していました。

このように学生時分に寄席に出入りしていたからこそ、本郷の進文学舎で逍遙に英語を習った正岡子規は、「先生の講義は落語家の話のやうで面白いから聞く時は夢中で聞いて居る、その代り余らのやうな初学な者には英語修業の助けにはならなんだ。(これは『書生気質』が出るより一年前の事だ)」(『墨汁一滴』明治三十四年)と、逍遙の講義が落語家の話のようにおもしろかったと言っています。

(2) 中江兆民

東洋のルソーと評された、明治の自由民権運動家の中江兆民(一八四七〜一九〇一)は、文楽、歌舞伎をはじめとした日本の古典芸能をこよなく愛した通人でもありました。

幕末、高知城下の足軽の身分に生まれた兆民は、藩校で学んで長崎に赴き、同郷の坂本龍馬の使い走りなどしました。その後、江戸に移ってフランス語を習得、大久保利通の周旋でフランス留学を果たしました。帰国後ジャン゠ジャック・ルソーの『社会契約論』の漢訳をし、衆議院議員を経て、自由民権を広めるジャーナリスト活動を続けました。

兆民の代表的な著作『三酔人経綸問答』(一八八七年)は自由民権の理論化を図ろうとしたもので、タイトル通り三人の酔っぱらい、洋学紳士と豪傑君それに調停役の南海先生が自由に議論を展開しています。本文は漢語が主体で難解ですが、桑原武夫・島田虔次両氏による訳注のある岩波文庫版は比較的分かりやすく読むことができます。

その内容を要約した章立ての見出し短文は、「南海先生は現実世界の地理をご存知ない」「ああ、うらやましい。ああ、気の毒な」などユニークでユーモラスです。その見出しの一つに、「八公熊公のために一丈以上の大気焔を吐く」があります。八公、熊公というのは、八五郎、熊五郎の名の江戸落語における典型的な登場人物です。これにご隠居または大家という物知りが顔を出し、八公、熊公とあわせて三、四人の会話でストーリーを進めるのが落語のおおよそのパターンですが、兆民は三酔人を明らかにこの落語の登場人物になぞらえていたことが考えられます。

晩年、旅先の大阪で兆民は喉頭がんを患い、余命一年半の診断を受けます。そこで身辺雑記風な『一年有半』(一九〇一年)の執筆を開始し、出版するとたちまちにベストセラーとなりました。大阪に来たのは「文楽座義太夫の極て面白き」ためだったことや、「講談落語の名文」例として「如燕、伯円、円朝、柳桜の口頭の文」などと文中で綴られています。これら講談師の桃川如燕、松林伯円、落語家の三遊亭円朝、春錦亭柳桜の四人は、この本の後半で「近代非凡人三十一人」として坂本龍馬、大久保利通らと並んで選ばれていて、兆民が明治中期においていかに芸人たちをも重くみていたかの証左です。

（3）斎藤緑雨

「明治二十三年八月二十二日」の日付を入れ、「正直正太夫死す」と読売新聞に自身の別号による死亡広告を出したのは、作家の斎藤緑雨（一八六八～一九〇四）でした。時に二十二歳、その別号で「小説八宗」など発表し、文壇進出まもない頃でした。

この一事からして、緑雨は若い時から書くものは反意的で皮肉にあふれ、随筆は警句を集合した趣になるほどでした。そのうちのよく知られたものの一つが、明治二十二年に書かれた「青眼白頭」所載の「按ずるに筆は一本也、箸は二本也。衆寡敵せずと知るべし」でした。

同様に警句集の様相を呈する明治三十年の「おぼえ帳」について、緑雨と交友のあった内田魯庵は、「警句の連発に一々感服するに遑あらず」と述べています。その魯庵は緑雨に実際に会う前は、「正直正太夫という名からして寄席芸人じみていて何という理由もなしに当時売出しの落語家の今輔と花山文を一緒にしたような男だろうと想像していた」そうです。ところがその頃の緑雨は、「背の高いスッキリした下町の若檀那風の男で、想像したほど忌味がなかった」ようでした。

「おぼえ帳」には、落語家のことがいくつか記されています。「知らぬお方に三圓貰ひこれが御縁（五圓）になればいゝ、とは、一ころ落語家の繰返し唄へる所なり」。「とゞく（都々逸）る、ちやづ（茶漬）る、などいふは落語家より始まりしものなるべし」。いずれも言葉に関するもので、緑雨が寄席で耳にしていたことかと思われます。

緑雨の代表的な小説に、明治二十四年「国会新聞」に連載された「油地獄」があります。信濃出身の目賀田貞之進という主人公の学生は、嗜好を問われて、「寄席へ行けと云えば寄席へ行く、芝居へ行けと云えば芝居へ行く」と誘われたらどこでもついて行く男です。ある日、長野出身者の集まりがあって、「余興と、なえて伯円の講談」と「小さんの落語」を聞く機会ができました。しかし貞之進の関心はそこになく、この席で見かけた芸妓に向かい、いつしか女のもとに通いつめて金を使い果たした挙句に袖にされます。それでも諦めきれない貞之進はふと通りで見た二人連れ女の一人がその芸妓と思い、彼女が「落語が面白いと云ったことをおもい出して」、後を追いかけるように「立花屋という寄席」へ入ります。近くで見るとその芸妓でないことがわかり、貞之進は「高座で何事を云うか耳には這入ない」まま「寄席を飛出し」ました。

女に入れ込んだ若い男が身を持ち崩す典型的な花柳小説ですが、そこに二代目松林伯円、三代目柳家小さんという当時人気を博した講談師と落語家を実名で出し、寄席もあわせて舞台に登場させていたことは、作者緑雨がよほどそこに馴染んでいたことをうかがえさせます。

緑雨のもう一つの花柳小説「かくれんぼ」でも、二代目柳家小さんであった禽語楼小さんの名にチラッと触れてますし、これも警句集的な随筆「大いに笑う」には、小さんと三遊亭円遊の名が次のような例えで引かれています。「人の一年を執りて一生を論じ去る如きは忘れても公平なる批評家のなすまじき事なり何が故に小さんたるや円遊たるやと言へば美人は悉く厚化粧なりと信ずる者は未浴後の美人あるを知らざるなり」。

寸鉄人を刺す鋭い舌鋒を試みていた緑雨でしたが、肺結核に倒れて明治三十七年四月十三日友人の馬場孤蝶に、「僕本月本日を以て目出度死去致候間此段広告仕候也」と口述筆記させました。それが翌日の万朝報に掲載され、最期までパロディ精神を持ち続けていた緑雨はわずか三十六歳の生涯を閉じました。

（4） 森鷗外

夏目漱石と並び日本近代文学を代表する森鷗外は、陸軍軍医として最高位まで上り詰めた軍医総監でもありました。

その鷗外は陸軍省を退官する晩年近くから、歴史小説や個人の伝記に着手し、いわゆる史伝ものの執筆に没頭しました。それらの主な発表舞台は新聞紙上でしたが、読者からはあまりにも考証がすぎるといって好意的には受け取られない一面がありました。そんな声を耳にした鷗外は、大正六年九月六日から十八日、東京日日新聞に連載した「鈴木藤吉郎」の二章で、次のように弁明しています。

「人は或はわたくしに忠告して、わたくしの言の俗耳に入り難く、隋て新聞紙に載するに適せざるは考證あるがためだと云ふ。わたくしも必ず否とは云ひ難い。しかしわたくしは今こそ寄席劇場に遠ざかつてゐるが、少壮時代には殆毎夕寄席に往き、殆毎月劇場に入つた。そして講釈師が既往の事蹟を討ねむがために、わざわざ其境を踏破し、席に上つて旅次の見聞を叙するを聴いた。又俳優の故実を問うて技藝の上に応用するを観た」

かつて若い時分寄席や劇場に通った経験はかみくだいて表現できる術を身に着けた証、という鷗外自身の表明でした。

実際鷗外は東大医学部を卒業し、陸軍軍医副に任じられた直後、頻繁に寄席に通った時期がありました。実妹小金井喜美子が、東京の千住一丁目に暮らしていた十歳頃のことと思い出を記しています。

「市場の近くに、寄席がありました。小路の奥まった所で、何といいましたか、その名の這入った看板が往来に出ていました。兄は毎日そこを通られるのです。小さいけれど、三丁目にも寄席はありましたが、近いので、顔見知りの人が多いからでしょう、遠い方の寄席へ行かれます。夜一しきり明日の下調べが済むと出かけられるので、なるべく目立たぬ服装をして、雨が降っても平気です」(『鷗外の思い出』八木書店、昭和三十一年)

こうした寄席通いは、鷗外が残した代表作のいくつかにも反映されています。明治四十二年に発表された自伝的要素の強い「ヰタ・セクスアリス」で、主人公金井湛二十一歳の折、交わった貞女芸者について触れた件です。「暖くなってから、或日古賀と吹抜亭へ円朝の話を聞きに行った。すぐ傍に五十ばかりの太った爺さんが芸者を連れて来ていた。それが貞女の芸者であった。彼と僕とはお互に空気を見るが如くに見ていた」

円朝と吹抜亭は、明治四十四年から大正四年にかけて断続的に連載された「雁」八章にも出てきます。囲い者になったお玉の父親が、一人暮らしの無聊しのぎに出かけた先のこと、「この頃は夜も吹抜亭へ、円朝の話や、駒之助の義太夫を聞きに行くことがある。寄席にいても、矢張娘が留守に来ているだろうかと云う想像をする。そうかと思うと、又ふいと娘がこの中に来ていはせぬかと思って、銀杏返しに結っている、若い女を選り出すようにして見ることなどがある」。

この「雁」を書き出した明治四十四年、鷗外は別の短編「心中」で、「頃日僕の書く物の総ては、神聖なる評論壇が、「上手な落語のようだ」と云う紋切形の一言で褒めてくれることになっている」と述べています。後年、史伝などを高等講談と言われた（漱石、談話筆記「文壇のこのごろ」大正四年十月十一日、大阪朝日新聞）こともありましたが、鷗外は自己の作品を、案外落語、または講談に近いものと自覚していたのかもしれません。

（5）正岡子規

正岡子規（一八六七〜一九〇二）は、俳句、短歌から小説、評論、随筆類まで多方面に活動し、日本近代文学に大きな足跡を残しました。

四国松山から十六歳で上京し、第一高等中学などで学生生活を送った子規は、「心に一寸感じたことを其まゝに書きつけおく」という随筆『筆まかせ』を書き始めます。明治十七年二月十三日に起筆、二十五年九月まで足かけ九年間にわたるもので、子規の文筆活動の出発点とも目されています。

『筆まかせ』明治十九年の記事に「寄席」があり、「余は此頃井林氏と共に寄席に遊ぶことしげく、寄席は白梅亭か立花亭を常とす」と、同郷の友人と足繁く寄席通いしていることを記しています。このあと木戸銭が思うに任せない懐具合を嘆き、次のように続けます。「時として井林氏は着物を質に置き其金にて落語家の一笑を買ふたることもありたり　寄席に勤めたりといふべし」。着物を質に置いてまでも落語を聞いて笑いを求める友人井林の心意気は、そのまま子規の思いに通ずるものがあったのでしょう。

『筆まかせ』明治二十二年には「円朝の話」として、三遊亭円朝創作による「錦の舞衣」のストーリーが紹介され、「余は小説の趣向もかくこそありたけれと悟りたり」と感心した様子をみせています。

そして同二十二年に、子規は当時第一線で活躍中の落語家を二人ずつ相撲の取り組みに見立て、自ら行司して裁くという「落語連相撲」をかなりの字数を費やし、実に二十八組について載せています。その最初は、「左　円朝　右　柳桜」とし、「柳桜のまだ柳橋といひしころは　円朝と競争して覇を東西に称したりといへど　今は年よりたる故にや　話に力なく面白味なし」、「円朝はさすがの元老、落ちつきて話乱れず　趣向奇にして形容真に逼る」などと春風亭柳桜と円朝とを比べ、円朝に軍配を挙げています。

二組目は「左　円遊　右　小さん」で、「円遊の滑稽、殊に小僧を説き、幇間を談じ　親父の揚げ足を取り　若旦那の気を引くこと実に妙なり」、「小さんの書生を語り、神田の兄イを話する処、人をして真物よりも巧なりといはしむ」など三遊亭円遊と二代目柳家小さん両者の高座を高く評価し、引き分けにしています。

円遊、小さんの比較論で想起されるのは、明治四十一年に夏目漱石が新聞連載した長編小説「三四郎」の一節です。その三章で、三四郎の学友与次郎はそのまま円遊と小さんについてまくし立て、「円遊のふんした太鼓持は、太鼓持になった円遊だからおもしろいので、小さんのやる太鼓持は、小さんを離れた太鼓持だからおもしろい。円遊の演ずる人物から円遊を隠せば、人物がまるで消滅してしまう。小さんの演ずる人物から、いくら小さんを隠したって、人物は活発溌地に躍動するばかりだ。そこがえらい」。漱石はどうやら小さん贔屓のようでしたが、この小さんは三代目。子規が取り上げたのは先代の方で、円遊はどちらも初代の同一人物であるものの二人の評には十九年の時間差がありました。

『筆まかせ』の書かれた頃、つまり第一高等中学在学中の子規と漱石は、実際に円遊や二代目三代目小さんらについて大いに意見をたたかわせていたことが想像されます。よく知られているように、同級生の子規と漱石が友情を結んだ契機は落語好きが共通していたという漱石談話があるからでした。

「彼と僕と交際し始めたも一つの原因は、二人で寄席の話をした時、先生大いに寄席通を以て任じて居る、ところが僕も寄席の事を知つてゐたので、話すに足るとでも思つたのであらう。夫から大いに近よつて来た」(「正岡子規」『ホトトギス』明治四十一年九月)

この漱石が親友子規の思い出を語ってるのは、時期からみて、子規の七回忌に合わせた『ホトトギス』の企画だったと思われます。

幼い時分から寄席に出入りしていた漱石に引けを取らないくらい、子規も上京後に寄席に足繁く通ったのでしょう。先の「三四郎」のシーンも、三四郎と与次郎の二人が漱石自身と子規になぞらえていたようにもみえます。

『三四郎』の一章で、三四郎が上京途中の列車の中で広田先生と乗り合わせ、水蜜桃を勧められるところがあります。その時に広田先生は唐突にこんなことを言い出します。

「子規は果物が大変好きだった。かついくらでも食える男だった。ある時大きな樽柿を十六食った事がある。それで何ともなかった。自分などはとても子規の真似は出来ない」

三四郎は笑って聞くだけでしたが、子規について書かれているのはこの小説で後にも先にもこの箇所だけでした。

「三四郎」の新聞連載が開始されたのは明治四十一年九月一日で、『ホト、ギス』で子規の思い出が語られているのと同時期でした。しかも子規の命日は九月十九日で、「三四郎」中、唯一子規と実名を載せた部分の掲載日とほぼ重なっています。間違いなく漱石はそれを書くことによって、七回忌の子規を追悼する気持ちが強かったのだと思われます。そうしますと、「三四郎」の小さん円遊比較論を与次郎に語らせていたこと自体が、影響を受けた子規への思いをさりげなく読者に知らせていたものとも推測されます。

（6）夏目漱石

夏目漱石が落語好きで、寄席によく出入りしていたことがうかがえる本人の回想文がいくつかあります。作家専業になる直前、明治四十年の雑誌「趣味」で、「僕の昔」という談話を載せています。

「落語はすきで、よく牛込の肴町の和良店へ聞きにでかけたもんだ。僕はどちらかといへば小供の時分には講釈がすきで、東京中の講釈の寄席は大抵聞きに廻った。何分兄等が揃って遊び好きだから、自然と僕も落語や講釈なんぞが好きになって仕舞ったのだ」

このように、和良店《わらだな》という寄席のほか東京中の寄席は聞いて回った、と漱石自身語っています。

死去の前年に書かれたエッセー「硝子戸の中」では、子供の頃の住まい近くに豆腐屋があったことを思い出し、「この豆腐屋の隣に寄席が一軒」あり、「よく母から小遣を貰って其所へ講釈を聞きに出掛けた」として、ごく近所の寄席にも親しんでいたことも述べています。

豆腐屋といえば、「僕の昔」の前年に発表された小説「二百十日」では登場人物の職業にもなっています。そもそも「二百十日」は、豆腐屋の子供の圭さんと友人の碌さんの二人がほぼ会話体だけでストーリーを進行するという、漱石の小説では唯一といっていいくらいにユニークな作品です。もっと言えば、落語の台本として実験的に試みた文体であったとも考えられ、この時の漱石の意識では豆腐屋と寄席とが密接であったことが想像されます。

そうでありながら、二人の主人公の会話は次第に過激になり、世の中が不公平だから華族や金持ちを豆腐屋にしようと言い出して、碌さんも豆腐屋になろうかと相づちを打つくだりも出てきます。


「これから追い追い華族や金持ちを豆腐屋にするんだからな。滅多に困っちゃ仕方がない」

「すると僕なんぞも、今に、とおふい、油揚、がんもどきと怒鳴って、あるかなくっちゃならないかね」

「華族でもない癖に」

「まだ華族にはならないが、金は大分あるよ」

「あってもその位じゃ駄目だ」

「この位じゃ豆腐いと云う資格はないのかな」

さて、ここに唐突に「とおふい、油揚、がんもどき」あるいは「豆腐い」というセリフが出てきますが、実はそれがそのままオチになった落語があります。江戸落語の「甲府い」がそれで、あらすじを紹介しますと、甲府から江戸に出て来た善吉がひょんなことから豆腐屋で働くことになり、「豆腐い胡麻入がんもどき」と声を出しながら懸命に売り歩きます。そしてしまいに店の一人娘お孝の婿養子に出世、夫婦で甲府に錦を飾るという内容です。

「二百十日」発表の六年前、明治三十三年十月、雑誌「百花園」に掲載された六代目桂文治によるこのネタの速記が残されていましたので、ちょっと見てみましょう。

「ヲーイ豆腐やの若旦那、どちらへ御出なさるんでございます」
善吉がふりむいて「甲府ィー(豆腐ィ)」
お孝が「お参り願ほどき(胡麻入がんもどき)」

これが「甲府い」のエンディングで、明らかに漱石はこの落語を小説中に取り込んでいたことがうかがえます。江戸落語の「熊さん」「八さん」という主要人物二人をあげるまでもなく、圭さん碌さんは落語の主人公になぞらえられていて、漱石の落語好きがここにも反映されていたことが理解されます。

(7) 二葉亭四迷

二葉亭四迷(一八六四〜一九〇九)は、言文一致体を駆使した作品を創始し、日本の近代リアリズム小説を誕生させたことで文学史上つとに知られています。

四迷の最初の長編小説『浮雲』は、第一篇が明治二十年六月、第二編が明治二十一年二月に各単行本で刊行され、第三編が明治二十二年七月と八月に雑誌「都の花」に連載されるという変則的な形で発表されました。

その第一編は四迷がすべて書いたのには違いありませんが、当初は春の屋主人こと坪内逍遥との合作として出版されていました。当時四迷は二十三歳、前年一月に初めて逍遥に会い、アドバイスを受けました。

「何か一つ書いて見たいとは思ったが、元来の文章下手で皆目方角がわからぬ。そこで、坪内先生のもとへ行って、どうしたらよかろうかと話して見ると、君は円朝の落語を知っていよう、あの円朝の落語通りに書いて見たらどうかという。で、仰せのままにやって見た」「それはとにかく、円朝ばりであるから無論言文一致体にはなっているが、ここにまだ問題がある。それは『私が……でございます』調にしたものか、それとも、『おれはいやだ』調で行ったものかというこどだ」「わずかに参考にしたものは、式亭三馬の作中にあるいわゆる深川言葉というやつだ」(「余が言文一致の由来」明治三十九年五月)

このように言文一致体は、三遊亭円朝が落語でしゃべる通りに字体化し、そこに三馬の深川言葉を参考にして編み出されたものでした。

『浮雲』の主だった登場人物は、内海文三と下宿先の娘お勢、その母親お政、それに文三の元同僚で恋敵の本田昇の四人です。第一編で帰宅の遅くなったお政に文三がどちらへと尋ねた答え、「親睦会というから大方演じゅつ会のような種のもんかしらとおもったら　なアにやっぱり品の好い寄席だネ　此度文さんも往ッて御覧な　木戸は五十銭だヨ」と寄席帰りと言わせたセリフがあります。

実は寄席に足を運ぶと言わせるセリフは、『浮雲』から十七年後に新聞連載された長編小説二作目『其面影』にも同様に現れています。主人公の小野哲也が仕事を終えて家へ帰ると妻の時子の姿が見当たらない。時子の妹、小夜子に問いただすと、

「は、いいえ……アノ……また昨夜の処へ」「また寄席へ？」と驚いて上衣を脱ぐ手を止めたが、「能く出懸けるな」

と二人に会話させています。二作とも女性の外出先として寄席が確かに記されているところです。生涯に三作長編小説を残した四迷のその三作目『平凡』(明治四十年)は、古屋という下級官吏の主人公が平凡な半生を自伝風に回想する話です。その中ほどに、次の記述がありました。

「今食う米がなくて、ひもじい腹を抱えて考え込むわたしたちだ。そんな伊勢屋の隠居が心学に凝り固まったような、そんなのんきな事を言って生きちゃいられん!」

脈絡なく突然にたとえの一つとして伊勢屋の隠居が出てくる箇所で、これは落語家が高座でしゃべる数あるネタではなじみのセリフの一節のようです。一例をあげますと、雑誌「百花園」(明治二十八年十一月)掲載の三代目柳家小さん「三人無筆」の速記に見られます。

「伊勢屋の隠居の遺言だつて、附落のないやうに銘々が附けて呉れろといつたと」

ベンガル湾洋上で客死する一年前の明治四十一年六月、四迷はエッセイ「予が半生の懺悔」を発表しました。そこで『浮雲』第一編を書いた思い出を語り、逍遥の名を借りて出版し金を取ったことを懺悔し嘆きます。「愛想の尽きたくだらない人間だとつくづく自覚する。そこで苦悶の極、自ら放った声が、くたばってしまえ(二葉亭四迷)!」。これらの文は、処女小説の頃を振り返ったときに戯作者、落語家に自身をなぞらえて、式亭、三遊亭などに連なる二葉亭という亭号をペンネームにあえて付けていたことの告白のように思えます。だからこそ、円朝の話法にならって文体を獲得した後、登場人物に寄席通いをさせるとともに落語家のセリフもつい作品中にこぼれ落ちたのではないでしょうか。

(8) 幸田露伴

尾崎紅葉とともに日本近代文学の「紅露時代」を築いた幸田露伴(一八六七〜一九四七)は、明治から昭和にかけて息の長い創作活動を続けました。

東京の下谷に生まれた露伴は、十代の後半に電信技師として北海道の余市に赴任しましたが、二十歳頃帰京、執筆生活に入りました。恋人の面影を抱いた仏師が一念に仏像を彫ったら肉身に変ずるという「風流仏」を二十二歳で書き、馬鹿ののっそり十兵衛が親方の源太と造立を争い、大嵐でもびくともしない五重の塔を作り上げるという、露伴の代表作「五重塔」は二十四歳の作品です。

この間の二十三歳の折、露伴は「落語真美人」を発表しています。正真正銘の美人を探し求めて旅に出た男が、出会った田舎親爺から聞かされたのは「富山の奥の樵夫の娘」、四歳にならぬ幼児がそれという、落語のオチのような結末の話です。露伴の数多の小説作品中でタイトルに落語と付けられているのは他に見当たらず、落語の台本としてこの作品を書いたものと思われます。

明治三十六年、露伴が東京帝国大学で講演した速記が、「滑稽談」の題で残されています。そこでは露伴が文献で知った初代の三笑亭可楽と林屋正蔵が言及されていますが、落語「金明竹」についても「是は今でもたまには話すことで、私ども子供のときには度々聴いた話であります」と述べています。演目の知識も相当あったことがうかがえ、昭和十三年から書かれたエッセイ「蝸牛庵聯話」には落語「千早ふる」に触れたくだりもありました。

露伴作品と落語との関連でいえば、昭和十四年の「雪たたき」が見逃せません。下駄に挟まった雪を落とそうと小門の裾板に「トン、トン、トン」と打ち付けると偶然に門が開いて女の手で中に引き入れられて物語が展開するこの小説と、落語「雪とん」との趣向がそっくりです。「雪とん」は今ではほとんど聞かれなくなりましたが、明治二十三年刊行の文献に麗々亭柳橋による速記が載っています。

露伴がこの速記に目を通していた可能性が捨てきれませんが、もう一つあの「五重塔」にも考えられる粉本があります。これも、今は演じられる機会がなくなった落語「馬鹿竹」です。世間に入れられず馬鹿竹と言われている大工の竹次郎が棟梁と請負を競って作り上げるのが谷中天王寺の五重塔。これを契機に馬鹿竹が立派な棟梁になる話で、露伴の「五重塔」と舞台も同じです。明治後期の翁家さん馬によるこのネタの速記があるそうですから、露伴文学を研究する上でこれらを比較検討することが今後の課題といえましょう。

(9) 泉鏡花

「高野聖」をはじめ幻想文学ジャンルに名を残す一方、「婦系図」など新派劇に原作を多く提供した泉鏡花（一八七三～一九三九）は、明治から昭和の初期まで幅広く読者に親しまれました。

その鏡花はデビューまもない明治二十七年からの三年間であわせて五つの作品に、畠芋之助という滑稽なペンネームで発表していました。その一つ、子供向けの雑誌『幼年玉手箱』に書かれた「鬼の角」は、鬼が人間界に金色の角を落として霊力を失い、拾った者が異常な力が働いて人格が変わるという、鬼と人との逆転現象の面白さを描いていました。中に、食いしん坊の商家の小僧がお汁粉を楽しみとして、「一番好いものが真打といふので、先づ前座の塩煎餅一銭が取着で」と話すくだりがあり、真打、前座の寄席用語が使用されています。ペンネーム、内容からいって、この小説を鏡花は、落語を意識して書いたものと考えられます。

明治三十年以降、畠芋之助は使われておらず、明治三十二、三十三年の二作品に白水楼主人のペンネームが見えるだけで、あとは一貫して泉鏡花の名前で作品は発表され続けました。

そんな中、明治三十二年、長編小説『湯島詣』が単行本で出版されました。苦学して大学を卒業、子爵家に婿入りした神月梓が、湯島天神下に住む芸者蝶吉とひょんなことから懇ろになる話です。梓は二歳上の妻龍子と蝶吉との板挟みに遭い、悲劇的な結末を迎えてしまいますが、生前の蝶吉ファンの一人として落語家が登場しています。「三遊派の落語家に圓輔とて、都合に依れば座敷で真を切り、都合に因れば寄席で真を打つ好男子」と、老舗の寄席鈴本などに出入りしながら、ひいき筋から座敷がかかれば座も持つ真打と書かれています。

当代の三遊亭圓輔は三代目で、初代は三代目三遊亭圓生没後の明治中頃に四代目圓生門に移って百生と改名し、後に幇間に転向したようです。二代目は同じく明治半ば京都に移住して桂藤龍を名乗り、新京極の寄席に出演していたとのことで、いずれにしろ『湯島詣』が刊行された頃、圓輔は実在していました。鏡花の頭には、初代か二代目かどちらかの圓輔のイメージがあって、小説中に登場させていたのでしょう。

ちなみに「婦系図」は明治四十年やまと新聞に連載され、翌年新派で舞台化、のち映画やテレビドラマにもなって、鏡花の代表作の一つになります。主人公二人の出会いの場が湯島天神の境内であったことから、ドラマでは「湯島の白梅」のタイトルでも知られるようになりましたが、『湯島詣』はその先駆け作品であったといえます。

明治四十三年、今度は寄席を舞台にした長編小説「三味線堀」を鏡花は「三田文学」に発表しました。寄席の名は、浅草小島町の場末「古くからあるが、餘り人の知らぬ」新瀧です。この新瀧の出演者は、「個より浪花節さへ、潜りの真打。田舎廻りの芸人徒合」が多く、「落語家とても右同断、自分達が高座で饒舌る、弟子の又弟子の其弟子」というのですから、素人か入門まなしの若手しか出ていない寄席です。そこに下足番と席亭が一計を案じて清元の美人芸人、雪江に出演交渉し、出かけることになったその初日、赤猫が突然現れて雪江を気絶させ邪魔をするという、鏡花らしい超自然的な筋運びの作品です。

明治三十七年五月の万朝報によりますと、その頃の東京市中には百十の寄席がありました。しかし浅草には新瀧という寄席小屋は見当たらず、どうやら架空の場所を舞台にしたようでしたが、これらの作品によって鏡花文学の中には落語家も寄席もしっかりと書き込まれていました。

(10) 徳田秋声

自然主義文学の完成者と評された徳田秋声(一八七一～一九四三)は、代表的小説のいくつかに寄席に出入りする市井の人たちを描いていました。

明治四十一年、当時の国民新聞に連載され、「人生の現實に目を向けた殆んど最初のもの」と自身で述べた「新所帯」には、新しく所帯を持つ新吉とお作の見合いの場に寄席を選ばせていました。「見合いは近間の寄席ですることにした。新吉はその友達と一緒に、和泉屋に連れられて、不断着のままでヒョコヒョコと出かけた。お作は薄ッぺらな小紋縮緬のような白ッぽい羽織のうえに、ショールを着て、叔父と田舎から出ている兄との真中に、少し顔を斜にして坐っていた」。そして二人はお互いの姿をチラチラと見やって、そのあと夫婦生活を始めます。

明治四十三年、読売新聞に連載の「足迹」は信州から上京した一家の娘お庄が奉公先を転々、嫁いだ先も飛び出すという波乱の続くストーリーです。その奉公先の「男は晩方になると近所の洗湯へ入って額や鼻頭を光らせて帰って来たが、夜は寄席入りしたり、公園の矢場へ入って、楊弓を引いたり」する遊び人です。一方、苦しい生活を強いられている叔父のことも語られていて、「淋しくなると、叔父はよくお庄を引っ張り出して、銀座の通りへ散歩に出かけた。芝居や寄席のような、人の集まりのなかへも入って行ったが、傷を負ったようなその心は、何に触れても、深く物を考えさせられるようであった。お庄は高座の方へ引き牽けられている叔父の様子を眺めると、いたましいような気がしてならなかった」。寄席が登場人物の心理面を描写する手立ての一つに使われていました。

この後、明治四十四年、朝日新聞の「黴」、大正二年国民新聞の「爛」、大正四年読売新聞の「あらくれ」と連載された秋声の代表的長編小説のどれにも、わずかずつでも寄席が舞台の一つに取り入れられていました。

昭和十年から十一年にかけ雑誌連載された「仮装人物」では、とりわけ重要な箇所で設定されています。秋声がモデルの五十歳過ぎの小説家庸三が、近づいてきた二十歳代の女弟子の葉子に振り回される話です。家に出入りしだした「葉子と散歩に出れば、きっと交叉点から左へ曲がって、本屋を軒並み覗いたり、またはずっと下までおりて、デパアトへ入るとか、広小路で景気の好い食料品店へ入ったりした。気が向くとたまには寄席へも入ってみた」と、寄席を二人の行き先の一つにしています。ですから、葉子が気ままに行方をくらますと、立ち回り先の一つとして「ある夜は寄席へ入って、油紙に火がついたように、べらべら喋る円蔵の八笑人や浮世床を聴いたものだった。そうしているうちに、彼は酷いアトニイに罹った」と、葉子を探し回るシーンがあります。葉子は「しゃべりだすと油紙に火がついたように、べらべらと止め度もなく田舎訛の能弁が薄い唇を衝いて迸しる」女なので、べらべら喋る円蔵に庸三は葉子を重ねて見ていたのでした。

ここで、四代目橘家円蔵や「八笑人」「浮世床」といった演目まで具体的に記されています。秋声の相当な落語好きの一面がうかがえるところですが、大正十二年に雑誌「新演芸」に発表したエッセイがあります。

「私が初めて東京へやつて来た時分には、寄席も随分盛つてゐたが、従つて、義太夫にしても落語にしても、巧い人が可なりゐたものだが、それも日露戦争までのこと」「近頃は薩張り巧いのがゐない。先ず円右の巧さは小まちやくれた咄で、小さんは以前それほどでもなかつたが、近頃は非常に上手になつた。三語楼や馬生や、外にもまだ三四人相当に聴ける人もゐるにはゐるが、あとの連中は、ただ口真似で、何を喋つてるのか分らない」

小説では円蔵の名しか出てきませんでしたが、秋声は寄席を通して何人もの名人に親しんでいました。

(11) 南方熊楠

粘菌類の生物研究をはじめ民俗学、人類学など幅広い分野で業績を残した世界的な博物学者の南方熊楠(一八六七〜一九四一)は、若い頃寄席に通い、落語にも通暁していました。

大正初めに書かれた「『郷土研究』一至三号を読む』に、「明治一八年、予東京大学予備門にあった時、柳屋つばめという人、諸処の寄席で奥州仙台節を唄い、予と同級生だった秋山真之氏や、故正岡子規など、夢中になって稽古しおった」とあります。後の海軍中将の秋山真之や近代俳句の先駆者、正岡子規と同級生であったというのは驚きですが、熊楠が彼らとともに寄席に通っていた事実は、「知の巨人」と称された熊楠にまつわる隠されたエピソードの一つです。

ここに出てくる柳屋(家)つばめは、柳派の初代頭取、柳亭燕枝の弟子でしたが、得意な都々逸を生かし、しまいに五代目都々一坊扇歌を襲名したほどの音曲師でした。熊楠は都々逸を好んでいたとみえ、「明治一七〜八年頃、神田の万世橋近くに白梅亭といふ寄席があつて、学生どもが夥しく聞きに出かけた。立花屋橘之助てふ若い女が前座で種々の芸当を演じた。紀伊の国入りの都々逸といふのをよい声で唄ふので自分生国に縁がある故、しばしば傾聴した」(昭和七年七月「「紀伊の国」の根本唄」)と、寄席の名と当時人気を博した女流名人を記しています。また「吾輩お江戸で書生だつた時、奥州の仙台節が大流行で、正岡子規や秋山真之が必死にこれを習ひ、『上野で山下、芝では愛宕下、内のおかめは縁の下、ざらざらするのは猫の下、皆様すくのはコレナンダイ、臍の下』とうたひ居つた」(昭和五年十月「千疋狼」)など、唄の一節とともに子規ら同級生と愛好していたことをここでも述べています。

子規、秋山真之らとの思い出話はまだあって、彼らが落語を覚えていたことがうかがえる熊楠の評論もあります。それは、大正十年に雑誌連載された「十二支考」の「鶏に関する伝説」三章において、「一六世紀に出たストラパロラの『面白き夜の物語』」を紹介している部分です。鶏代を法師が支払うと騙した男が百姓を法師の元に連れて行き、百姓は「貴僧に懺悔を聴いてもらうために来た」と囁き、「大声で上人即刻対面さるるぞと言うて出て行く」。「法師は百姓に、跪いて懺悔せよと命じ、自ら十字を画き、偈を誦し始めた。これに似た落語を壮年の頃東京の寄席で聴いた」として、熊楠は廓噺の「付き馬」のストーリーを詳しく語ります。吉原でさんざん遊びつくした無一文の男、伯父が支払うからと取り立ての若い衆を騙し、町の早桶屋に連れて行きます。小声、大声を使い分け、早桶屋に座棺を急きょ作らせ、若い衆を残しておさらばするお馴染みの噺。「その詐欺漢が二人間を通事する辞なかなか旨く、故正岡子規、秋山真之など、毎度その真似をやっていたが余は忘れしまった。今もそんな落語が行わるるなら誰か教えてくだされ」。

博覧強記の熊楠だけあって、この他にも落語の源になったとみられる古今東西の話は縦横無尽に語られます。大正四年に発表された「禅僧問答の笑話」は、「餅屋問答」(江戸落語では「こんにゃく問答」)のルーツ探しで、十七世紀初めフランスで刊行された『上達方』に同趣向の話がありました。「日本の餅屋の禅問答の話と、右に述べたスイスの大工の学論の話はあまりよく相似ておるので、箇箇別々に自然に生じた物でなく、たぶんインド辺にあった一話が東西に分れ伝わりて同軌異体のものとなったらしい」と、背景も考察されています。まだまだ「蛇含草」「佃祭」「松山鏡」など人口に膾炙した落語に言及した評論がありますが、すべて頭に入れていた熊楠にとって、それらは世界的な視野から見た史料の極一部だったのでしょう。

(12) 松崎天民

新聞記者として大逆事件など取材したほか底辺の女たちをルポして小説化するなどした型破りのジャーナリストが、明治大正昭和にわたって活躍しました。

岡山県生まれの松崎天民(一八七八～一九三四)がその人で、一家破産して京阪を流浪した後、東京の国民新聞の小使になったのをきっかけに新聞社の仕事をするようになりました。

一九〇〇年記者でスタートしたのは大阪新報で、続いて大阪朝日新聞、東京の国民新聞、東京朝日新聞と十四年間で在籍社が目まぐるしく変わりました。その間、大逆事件で刑死する管野すがの法廷の姿や処刑された後の内山愚堂の柩を弟が叩き割った模様などを詳述し、それを目にした東京朝日の同僚だった石川啄木に衝撃を与えました。

松崎本人は記事にする際、客観視する「新聞記者的態度」とそこに詠嘆を交える「文学者的態度」を試行錯誤し、結局両者を使い分けて人生の探訪者たる「探訪記者」を自認しました。

一九一二年に雑誌「中央公論」に連載し話題となった「淪落の女」は後者の方で、浅草の私娼窟や長野の芸妓など実際に取材した女たちをルポルタージュ風の小説作品にして発表しました。

一九一〇年在籍社で新聞連載した「寄席印象記」は前者の方で、落語だけでなく文楽、浪花節、女義太夫、講談と当時盛んだった芸能の演者や小屋の事情をリポートしています。このうち銀座の金沢亭を取材したものは、三代目柳家小さんのことを述べています。「小さんは肥って居る、横町の伯父さんと云った風の態度、既に世に定評あると云ふが、しろうとには判らない」「今の寄席に於て、眞に腹の底から笑へる話を聴かうとするのは、自転車で富士登山を思ひ立つの様なものだと思ふ」。小さんについて夏目漱石は同じ東京朝日でその二年前に連載した小説「三四郎」で絶賛しましたが、松崎は手厳しく語っていました。

逆に開化期の東京で寄席に出ていたイギリス人の異色落語家、快楽亭ブラックには好意的な批評を寄せています。

「話中の人物と人物の対話になると、日本人以上に日本語が巧い」「まるまると脂切って極めて楽天的で、少しも其の屈託らしい面持ちがないのも、見て居て心持ちが好い」

あらゆる分野を旺盛に探訪していた松崎の寄席報告は、やはり見過ごせないものがありました。

(13) 永井荷風

花柳界を舞台にした小説で一時代を築いた永井荷風(一八七九~一九五九)が年若い頃、落語家であった事実は、現今の落語界でもほとんど知られていないことでしょう。

荷風が友人、井上唖々の死を悼み、大正十二年に発表したエッセイ「梅雨晴」に次のような記述がありました。

「わたしは朝寝坊夢楽という落語家の弟子となり夢之助と名乗って前座をつとめ、毎月師匠の持席の変るごとに、引幕を萌黄の大風呂敷に包んで背負って歩いた。明治三十一、二年の頃のことなので、まだ電車はなかった」

つまり荷風が落語家であったのは二十歳前後のことで、「われ講釈と落語に新しき演劇風の朗読を交へ人情咄に一新機軸を出さんとの野心を抱き、その頃朝寝坊むらくと名乗りし三遊派の落語家の弟子となりし事もあり」(大正七年「書かでもの記」)と、入門の動機を別に語ってもいます。

同じ「書かでもの記」によると、落語家をやめた後は歌舞伎座立作者の福地桜痴の門弟となって拍子木を打ったりしていましたが、やまと新聞社に入り、半年ばかり新聞記者も務めました。また落語家になる以前の外国語学校在学中、未定稿「簾の月」を携えて広津柳浪の門をたたいたこともありました。荷風の青春時代をみると、どんな仕事に就こうか模索していると同時に、自身を表現する術を手探りしている状態だったことがうかがえます。

さて、荷風が落語家になって一年あまりの頃を回想した昭和十八年の小品に、「雪の日」があります。「毎日午後に、下谷御徒町にいた師匠むらくの家に行き、何やかやと、その家の用事を手つだい、おそくも四時過には寄席の楽屋に行っていなければならない」忙しい日々であったようです。

その当時、後の荷風こと若き落語家夢之助は、女流音曲師、立花家橘之助の弟子である十六、十七の三味線ひきの娘と毎夜連れ立って帰っていました。ある吹雪の夜、寒さしのぎに燗酒を一合あまり飲んで酔ってしまい、歩くのもおぼつかない。「あたりは高座で噺家がしゃべる通り、ぐるぐるぐるぐる廻っていて、本所だか、深川だか、処は更に分らぬが、わたくしは兎角する中、何かにつまずきどしんと横倒れに転び、やっとの事娘に抱き起された」。結句、「二人の間に忽ち人情本の場面が其のまま演じ出されるに至ったのも、怪しむには当らない」とねんごろになった経緯が語られます。

師匠むらくは明治四十年に亡くなりますが、実はこの人、立花家橘之助と駆け落ちして一緒になった最初の亭主でした。ですから夢之助と三味線ひきの娘は、互いの師匠が夫婦同士であって、そのことも深い仲にさせた一因であったのかもしれません。

荷風三十六歳から七十九歳で死去する前日まで書き継いだ日記「断腸亭日乗」に、昭和七年四月十一日付で、この三味線ひきの娘と親しく交わった雪道のことが触れられていて、「われはそれより二三月にして寄席通を止めたれば其女の事も其後はいかゞなりしや知るつても無かりき」と、かえらぬ昔を嘆きました。

荷風の落語家生活は一年半か二年足らずのわずかな期間にすぎませんでしたが、ペンを持つ前に扇子を握った経験は後々も自身の矜持としていたようです。昭和九年九月十六日の「日乗」で、三越の文芸家遺品展覧会に三遊亭円朝のものが出品されたことに対しての泉鏡花の態度を、批判的に書き付けていました。「先師紅葉山人の遺品は落語家のものとは同列には陳列しがたしとて出品を拒絶せしと云ふ。鏡花氏の褊狭寧笑ふべし」。

(14) 芥川龍之介

芥川龍之介(一八九二～一九二七)は、「今昔物語集」や「宇治拾遺物語」などからの説話を典拠とする短編小説の名作を数多く残しました。

年譜によると、東京の江東尋常小学校に通う十歳頃からすでにそうした日本の古典文学に親しんでいたようで、後に書かれる小説作品の題材となるものに早くから関心を抱いていたことがみてとれます。

その関心の対象は古典文学だけではなく、講談、落語の類も含まれていて、森鷗外に感化されてノートしたと思われる未定稿「VITA SEXUALIS」に、第一高等学校在学時、「其頃　自分は講釈の速記や落語の速記をよんだ　都新聞もよんだし　さまざまな小説もよんだ」と乱読ぶりを振り返りながら、落語も視野に入れていたことを明記しています。

落語、講談といえば、芥川は昭和二年に自殺する二か月前、東京日日新聞に連載したエッセイ「本所両国」中の「富士見の渡し」で、次のように思い出を述べています。「僕は講談といふものを寄席では殆ど聞いたことはない。僕の知つてゐる講釈師は先代の邑井吉瓶だけである」「僕は講談を知る為めに大抵今村次郎氏の速記本に依つた。しかし落語は家族達と一しよに相生町の広瀬だの米沢町(日本橋区)の立花家だのへ聞きに行つたものである。殊に度々行つたのは相生町の広瀬だつた。が、どういふ落語を聞いたかは生憎はつきりと覚えてゐない」

この引用文の直前に、実は三遊亭円朝に関わることが記述されていました。

「僕は中学へはひつた後も或親戚を尋ねる為めに度々『富士見の渡し』を渡つて行つた。その親戚は三遊派の『五りん』とかいふもののお上さんだつた。僕の家へ何かの拍子に円朝の息子の出入したりしたのもかういふ親戚のあつた為めであらう」

「五りん」というのは名前ではなく、かつて一人五厘の斡旋料を取って寄席に落語家を世話していた者のことです。芥川はこの「五りん」のことは別文「追憶」(大正十五年)中の「剥製の雉」で、「僕の家へ来る人々の中に『お市さん』と云ふ人があつた。これは代地かどこかにゐた柳派の『五りん』のお上さんだつた。僕はこの『お市さん』にいろいろの画本や玩具などを貰つた」とも触れています。

三遊派、柳派と所属の一門が異なっていますが、双方に出てくる「五りん」のお上さんというのは同一人物のことと思われます。このお上さんがいたために円朝の息子が芥川の家に出入りし、芥川の記憶に円朝自身が刻まれることになりました。

大正七、八年頃とみられる芥川の手帳に、「○円朝の研究(論文)」と書き込まれています。「本所両国」を書き出す十年近く前から、芥川は円朝論を書く意向を持っていたことが推測されます。

大正七年十二月の「ホトトギス」に、芥川は「燭台や小さん鍋焼を仕る」という句を載せています。別の手帳(大正八年から十二年か)には、「○小さん一代記　新小説にあり」ともメモしています。円朝のみならず、芥川は三代目柳家小さんにも興味を持っていたことがうかがえ、実際小さんの演じる「うどんや」を目にしていたことも句から想像されます。

手帳に記述されているもののいくつかは、芥川文学に結実して作品の素材になっていただけに、後年書かれる可能性のあった円朝や小さんについての幻の原稿に思いをはせると、芥川の夭折には今も胸が痛みます。

⒂ 志賀直哉

小説の神様と言われた志賀直哉(一八八三〜一九七一)は、学習院高等科に在籍していた頃、義太夫と落語に熱中していました。志賀の明治三十七年元日の日記に、「久本に吉花の太十と昇之助の野崎とを聞く」とあり、下谷にあった寄席小屋に行って野沢吉花と豊竹昇之助の義太夫を鑑賞、一月四日には昇之助宛てのファンレターを書いて、投函していました。

一人の芸人に深く思い入れするのは落語家に対しても同様のようで、東京帝国大学に入学した翌年の明治四十年二月十七日の日記には、「午后、常盤木倶楽部の研究会を聞く、馬楽痛快を極む」とあります。明治三十八年三月、日本橋の常盤木倶楽部で発足した落語研究会に志賀はしばしば足を運んでいて、二代目蝶花楼馬楽の芸に出会いました。注目されるのは、翌日二月十八日に次のように書かれているものです。

「朝高浜虚子の家へ行つて『坊ちやん』を買ひ正親町を誘ひ登校」「夏目さん休み、午后雪の中馬道八丁目の横丁を一つ一つ馬楽の家を探す、『坊ちやん』をヤルつもりだつたが遂に見当らず」

夏目漱石の小説「坊っちゃん」は前年の明治三十九年四月、雑誌「ホト、ギス」に一挙掲載されていて、その編集者、高浜虚子宅に立ち寄って志賀はそれを購入した模様です。それから同級生と大学へ行きましたが、当時講師をしていた漱石の講座は休み、午後になって志賀はなんと馬楽の自宅を探し回りました。それもどういう理由か、「坊っちゃん」を馬楽に直接プレゼントしたかったからのようです。

同年三月二日、「木原店を通る、小さんの落語あり、一寸入つて、これを聞く、上手と感心した」などの記述もありますが、三月四日、五日と志賀は馬楽を追いかけます。四日、「夜、喜よしへ行つて『坊ちやん』を馬楽にやらうとしたが見損じてやる事が出来なかつた」。五日、「夜、喜よしへ行つて帰りに馬楽に『坊ちやん』をやる、大に喜むで居た、名前と番地も教へてやつた、来てもよいと云つてやつた」。無名大学生からの本の贈呈に喜んだ馬楽が、興奮した面持ちの志賀に対し名前と住所を尋ね、遊びに行ってもよいかと聞きただしているシーンが目に浮かびます。

この後も、志賀の寄席通いは続き、明治四十三年になると、常盤木倶楽部のほか神田の立花亭、京橋の金沢亭などにも足を運んでいます。十月一日、立花亭で「馬楽の顔を久しぶりで見る、鼻へ風がぬけて話しにくさうなのが、何んとなく惨然とした感じを与へた、梅毒からかも知れないが、それはシーリアスな感じを与へた。話は長屋の花見で中々上手だつた」。二十七歳になった志賀は、この年春に武者小路実篤、有島武郎らと同人雑誌「白樺」を創刊し、実質的に作家生活のスタートを切りました。

一方で馬楽は明治四十三年春に精神病で入院、退院後は胃がんを患って、大正三年一月、五十一歳の生涯を閉じました。最晩年の馬楽も志賀はずっとひいきにしていて、大正元年八月二十五日には立花亭に赴き、二人会を終えた馬楽に現金二円を手渡しています。

大正元年というと、志賀が唯一の長編小説「暗夜行路」を構想し、前身の「時任謙作」の執筆を始めた年でした。自伝色の濃い小説中に、こんな件があります。

「一体、謙作は子供のうちから寄席とか芝居とか、そういう場所によく出入りした。それは祖父やお栄が行くのについて行ったので、然し後に中学を出る頃からは段々一人でもそういう場所へ行くようになった」

志賀は代表作中にも、寄席に通っていた事実を記していました。

(16) 周作人

中国の文豪・魯迅の実弟で散文作家の周作人(一八八五～一九六七)は、日本に深くかかわり、兄の文学を現代日本に紹介した日本文化研究者でもありました。

周作人は魯迅が仙台医専を中退して東京に移るとほぼ同時に、日本に留学し、本郷でしばらく兄弟同居しました。「私どもの住んでいたのはありきたりの下宿屋で、四畳半の一間に、本箱とあとは机が一つに座蒲団二枚があるきり」(「留学の思い出」)の暮らしでした。

一九二一年から一九二二年、魯迅は代表作『阿Q正伝』を発表しますが、夏目漱石の『吾輩は猫である』に影響されていたと、同居していた弟に回想されます。「それが活字になるごとにすぐに続けて買って読み、また『朝日新聞』に連載されていた『虞美人草』を毎日熱心に読んでいた」「後日書いた小説は漱石の作風に似てはいないけれども、その嘲諷中の軽妙な筆致は実は漱石の影響を相当強く受けたもの」(「魯迅について　その二」)ということでした。

魯迅は一九〇九年夏、七年に及ぶ留学生活を切り上げ帰国しましたが、周作人は日本に残り、法政大学予科、立教大学商科と学び、賄い婦だった羽太信子と結婚します。「私は東京に続けて六年暮したにすぎない。しかしそこは私の気に入り、第二の故郷の感を抱かせた」(「東京を懐う」)と言う周作人は、「戯作文学、俗曲、浮世絵、陶銅漆器、四畳半の書斎、小袖に駒下駄」(「日本浪人と『順天時報』」)が好きだったと、留学生活を振り返っています。

こうした東京の庶民暮らしを身近にしたのも日本人妻が傍にいたからで、周作人の関心は書き言葉ではなく、やがて話し言葉に向かいました。

「学ぶのは、書面の日本語ではなく、実社会で使う言葉だった。出来れば現代小説や戯曲を読みたいところだが、作品が多すぎて、どこから手をつけて良いか分からず、滑稽味のあるものだけを選んで読むことにした。それは文学では『狂言』と『滑稽本』で、韻文では川柳という短詩だった」「このほかにも一種の笑い話があり、『落語』と呼び、最後にオチ（原語：着落）があり、それは笑うところである」（「日本語を学ぶ（続）」）

主として耳で聞く落語にも興味を持った周作人は、妻と住んでいた本郷西片町を拠点に、「鈴本亭はその通りの果てにあり、私達がしょっちゅう通った寄席だった」（小川利康訳『知堂回想録』）と、上野にある定席に夫婦揃って足を運んでいたことを語っています。

そして実際に落語を聞いた感想も述べていました。

「かつて柳家小さんが高座に上るのを見たが、あたかも田舎の寺子屋の師匠がポツリポツリと『論語』など講じている趣きだった。それでいながら聴衆は笑いをこらえきれなくなるので、ことさら泣き笑い、歌い酔うまでもないようだった。それにつけても不審でならぬが、中国にはどうしてこういうものがないのだろうか。我々は真面目くさった説書（講釈）かふざけた相声（万歳）しか知らないのである。説笑話もないではないが、単に個人同士のなぐさみごとにすぎず、雑芸場裡にこの技を売る者のあるを聞かぬ」（「日本の落語」）

三代目柳家小さんの芸に触れた思い出をもとに、日本の落語のような芸能がなく、中国では「絶えてしまった」のかと案じる一九三六年の文でした。

後に周作人は北京大学教授に就任し、日本文学専攻コースを設置するなど、日本文化と文学の紹介に尽力しました。それが日本の敗戦後、対日協力者の一人として北京で拘束され、戦後は変則的な蟄居生活を余儀なくされました。そんな不遇な晩年でも、『周作人・松枝茂夫往復書簡集　戦後篇』を見ますと、一九五六年四月、日本の中国文学者に三遊亭円朝作『牡丹灯籠』を送るよう依頼状を書くなど、落語への関心は持ち続けていました。

（訳文は松枝茂夫、木山英雄両氏によりました。）

(17) 渋沢栄一

幕末から昭和の初めにかけ官界、実業界、教育界で活躍した渋沢栄一（一八四〇～一九三一）は、「日本資本主義の父」と称されて、二〇二四年発行予定の新一万円札の顔になることも決まっています。

渋沢の孫で九十八歳になるエッセイストの鮫島純子さんが、二〇二〇年十二月三十一日付の毎日小学生新聞で祖父についてインタビューを受け、「『勉強になるから』と落語全集を読ませてもらい、孫の私たちが『寿限無』（落語の演目）を披露したこともあります」と、渋沢が孫たちに落語を薦めていたことを語っています。

渋沢が亡くなる二年前の昭和四年、大日本雄弁会講談社が『落語全集』を刊行していて、その上巻に子爵と肩書の付いた渋沢が「落語の用」と題した序文を寄せていました。

「近頃は社交の様子がすっかり変って、一体に雑駁になるばかりで、妙趣というものが無くなって来たように思われる。客を招ずるにしても、往時は徒らに談論し飲食するというだけではなく、必らず講談師とか落語家とか、或は清元、義太夫などの芸人をよんで、これに余興を添えなければ、宴席の体をなさず、客に対して真情をつくした礼儀ということは出来なかったものである」

宴席などの社交の場では必ず落語家などの芸人を呼んでいたという渋沢ですが、鮫島さんは渋沢が他界した昭和六年に、四代目柳家小さんを自宅に招いていたことを鮮明に覚えているそうです。

「予は青年時代から頽齢に至るまで、かような社交場裡で過ごして来たので、何時頃からとはなく落語が好きになって、随分いろいろのものを聴いているので、主なものは大抵覚えていたものである。殊に三遊亭円朝が大の好きで、よく聴いた」

寄席というより主に社交の場を通して渋沢は落語に触れ、落語家との交流を重ねていき、特に近代落語の完成者、円朝への思い入れは深いようでした。

「円朝という人は、文学上の力があったかどうかは知らないが、塩原太助、安中草三、牡丹燈籠などいう自作の人情ばなしを演じて、非常に好評を博したものである。その話しぶりも実に上品で、他の落語家のように通り一遍のものでなく、自分自身が涙をながして話したくらいで、従って感銘も深かった」

渋沢は円朝の人物をよく理解し、高座の落語もよく聴き込んでいました。

(18) 吉井勇

吉井勇(一八八六〜一九六〇)といえば、関西にはなじみ深い歌碑があります。京都の祇園新橋・白川畔に建てられている「かにかくに　祇園はこひし　寝るときも　枕のしたを　水のながるる」の碑です。昭和三十年十一月に建立されたもので、以来毎年十一月、歌碑の前で祇園甲部の芸舞妓らによる「かにかくに祭」が催され、作者吉井勇が偲ばれています。

この歌は、大正四年刊行の『祇園歌集』に収録されており、明治四十三年の第一歌集『酒ほがひ』の出版ともあいまって、明治末から昭和にかけて歌人としての吉井の評価を高めました。

一方で吉井は、すでに『酒ほがひ』発刊の翌年から精力的に戯曲も書き出していて、殊に大正三年に「狂芸人」「俳諧亭句楽の死」「無頼漢」の三編を発表しているのに目が引かれます。

三編に共通しているのは、主人公がいずれも落語家の俳諧亭句楽であることでした。「狂芸人」では、この句楽に「世の中に幽霊なんてねえなんて云ふやつがあるが、あいつは嘘ですぜ。幽霊はたしかにあるに違えねえ」「おれは気なんど狂つてやしねえぞ。世間の奴等はみんな気が狂つてゐるんだ。第一世間の奴等は皆な嘘吐きだ。どいつもこいつも嘘ばかり吐きやがる」などのセリフを言わせ、句楽二度目の発狂が描かれていました。「俳諧亭句楽の死」は、その句楽が死んで落語家仲間や身内の感慨が、また「無頼漢」は句楽死後の周囲の戸惑いと周章ぶりがそれぞれに書かれています。

「俳諧亭句楽の死」作中で、句楽の死ぬ間際、「おれがこんな盲目になるし、句楽は狂人になりやがるし、達者なのは焉馬ばかりだ」とつぶやかせているのは、盲目の落語家柳亭小しんです。この小しんについても吉井勇は、「小しんと焉馬」「句楽と小しん」などの戯曲で精神を病んだ句楽に対し目の不自由になった落語家として二人ながらに書き継いでいました。また仕事で一緒の船旅となった船中での会話体が続く「焉馬と句楽」もあります。

これら戯曲のみならず吉井は小説も手がけていて、句楽ものとしては、「句楽の手紙」「師走空」「句楽の日記」「句楽忌」の四つの中短編を収めた『句楽の話』を大正七年に上刊しています。

偏愛といってもいいほどに吉井がこだわり続けた落語家俳諧亭句楽にはもとよりモデルがあって、それは大正三年一月、五十一歳で死去した二代目蝶花楼馬楽でした。大正三年にあいついで三編の戯曲が発表されたのも、この馬楽への哀悼の想いがにじみ溢れた結果に違いありません。ついでに言うと柳亭小しんとは初代柳家小せんのことで、三代目柳家小さん門で馬楽の弟弟子でした。焉馬は六代目金原亭馬生のことで、馬楽、小せんとは当時の落語研究会に出入りする仲間でした。

吉井は後の「わが回想録」で、少年時代伯爵だった自身の家に、人気のあった初代三遊亭円遊がきて、目の前で落語を演じてくれたのが寄席好きになるきっかけだったと振り返っています。そして、「二十前後、市井の芸術に興味を覚え、殆んど夜毎に寄席通ひをする時分から、馬楽には格別心を惹かれて、飄然として高座の上に現はれて来るその姿を、いくらか胸をときめかせながらも感激の目で迎へたものであつた」(「市井夜講」)と述べています。その理由としては、「畢竟人間の真実の姿をさう云ふ人達のうへに見出さうとしたからなのであつて、結局私はそれに近いものを落語家中の奇人蝶花楼馬楽に見出すことが出来たのである」(「相聞居随筆」)と記しました。

冒頭みてきたように、吉井の本領は短歌です。馬楽を、また小せんを詠んだ歌のいくつかを挙げておきます。

狂ほしき馬楽のこころやがてこのもの狂ほしきわがこころかな
ああ馬楽この悪しき世に生くべくばむしろ狂ひてあれと思ひぬ
盲目の小せんが発句案じゐる置炬燵より寂しきはなし
馬楽亡し小せんも亡しと思ふとき師走の風も寒かりしかな

(19) 岡本綺堂

連作短編小説『半七捕物帳』で知られる岡本綺堂(一八七二〜一九三九)は、新歌舞伎用の台本を書く劇作家であり、江戸風俗の考証史家でもありました。

『半七捕物帳』は、幕末の岡っ引き半七老人から明治の中頃に功名話を聞きとるというスタイルで、大正六年一月に雑誌連載が始まりました。間に九年ほどの休載がありましたが、昭和十一年十月まで二十年近くにわたり合わせて六十八編の作品が江戸情緒たっぷりに綴られました。

その「むらさき鯉」の冒頭に、「『むかし者のお話はとかく前置きが長いので、今の若い方たちには小焦れったいかも知れませんが、話す方の身になると、やはり詳しく説明してかからないと何だか自分の気が済まないというわけですから、何も因果、まあ我慢してお聴きください』半七老人は例の調子で笑いながら話し出した」とあります。本題に入る前のマクラとして、作者は話し言葉で読者に分かりやすく語りかけるように、この捕物帳を書いていたことがうかがえます。

またこの連作の「大阪屋花鳥」は、吉原の遊郭・大阪屋にいた花魁の花鳥が火を放ってなじみ客を逃がす実際にあった話に基づいたもので、中にこんな一説があります。

「『大阪屋花鳥……。聞いたような名ですね。そう、そう、柳亭燕枝の話にありました』『そうです。燕枝の人情話で、名題は『島千鳥沖津白浪』といった筈です。燕枝も高座でたびたび話し、芝居にも仕組まれました』」

天保年間にあった事件を、初代柳亭燕枝と講談の伊東花楽が「島千鳥沖津白浪」として合作し、明治三十年頃までそれぞれ講談と落語で演じました。綺堂はそこから物語を一挙に膨らませ、八丈島に流刑になった花鳥が二年目に島抜けして江戸に戻り、芝居見物しているところを召し捕られて入牢させられ、半七が解決した日本橋の鉄物屋夫殺し事件の犯人と関わらせるというストーリーに書き換えました。

本文にも柳亭燕枝とあるように、綺堂は落語家や寄席に関心が高く、昭和十一年の随筆「明治時代の寄席」に、「明治時代の寄席は各区内に四、五軒ないし六、七軒、大小あわせて百軒を越えていた」と記しています。そして「私は麴町区元園町の青柳亭、麴町一丁目の万よし、山元町の万長亭で、これらの寄席へ行った時に、顔を見知っている人に逢わなかった例は一度もなかった。かならず二、三人の知人に出逢う」と、子供の頃寄席によく通っていた思い出を語っています。

劇作家としての綺堂の代表作は、明治四十四年五月二代目市川左団次が明治座で初演した「修禅寺物語」です。これと並び評された作品は、同じ左団次が大正五年二月本郷座で初演の「番町皿屋敷」があげられます。

皿屋敷伝説については、すでに江戸中期に「播州皿屋敷」として浄瑠璃化されていて、江戸末期「皿屋敷化粧姿見」という二世河竹新七作の歌舞伎があります。明治に入っても河竹黙阿弥の歌舞伎「新皿屋舗月雨暈」、松林伯円の講談「小説番町皿屋舗」などが作られました。落語にも、お菊が一枚、二枚と皿の数を数え、翌晩をずる休みしようと二日分数えてしまう、滑稽な「皿屋敷」がありました。

綺堂の「番町皿屋敷」は、これら種々の芸能の皿屋敷伝説を踏襲して皿の数を数えるシーンが出てきます。しかしながら先行の作品と決定的に異なるのは、恋愛感情のある腰元お菊が主の青山播磨の真意を確かめようと、重宝の皿一枚を故意に割る場面です。そのお菊の心理に綺堂の文学性を指摘する見方もありますが、私は落語「厩火事」で亭主の愛用する瀬戸物を転んだ振りをして割り、自分への愛情を確かめる髪結いの挙動に類似性を感じました。つまり「皿屋敷」と「厩火事」の二つの落語が大きなヒントとして作られたのが、他ならぬ綺堂の「番町皿屋敷」ではなかったのかと思われてなりません。

(20) 直木三十五

大衆文学の登竜門として最も権威ある文学賞の直木賞は、大阪市生まれの直木三十五(一八九一～一九三四)にちなんで名づけられました。

本名・植村宗一の直木は、「植」の字を二分し、三十一歳の折に直木三十一と名のり、以後毎年三十二、三十三と改名、三十五にして筆名をそのままに昭和九年四十三歳で死去しました。

ペンネームを使い始めた頃から本格的に執筆活動を開始、菊池寛が創刊した「文藝春秋」や自身が編集した「苦楽」などの雑誌に時代小説やエッセイを発表しました。そんなエッセイの一つ「雑八題」は、こんな書き出しです。

「昼席の講談を聞くのにい〻季になつた。横になつてうつらうつらし乍ら二十五銭位の木戸で駄菓子を食つてゐるのは愉快なものである。七月の上に伯山が小柳にか〻つてゐて久し振りの昼席を味つた。江戸川亭がまだ色物にならぬ頃木枕があつたが此頃これが無くなつた」「死んだ円喬の話を聞いた日同じ話を速記で読んだがこうも異ふものかと思つた事があつた。落語にしても講談にしても餘り地の文を読まぬのを心得としてあるがそれだけに速記本では話してゐる折の息を書けぬから興味の大半が失はれてしまふ」

いくつかの寄席に出入りし、神田伯山や橘家円喬らの講談、落語にじっくり耳を傾けていた三十歳前後の直木の姿がほうふつとされます。

大正十三年には落語の「浮世床」をアレンジしたと思われる短編「新譯浮世床」を書き、登場人物に次のようなやりとりをさせていました。

傳「唐は何うだか知らねえが、江戸の咄家はどれも上手だぜえ。小さんが上方へ行つて二円五十銭の木戸を取つたつて云ふぢやねえか」

び「上方噺も面白えが。い丶咄家は無くなつたの。春団治もをかしいが、本当の話ぢやねえ。文三に南光なんて惜しい人さね。文三の稽古屋に南光の三十石ときたら江戸の咄家たあちがつたうま味があつての」

ここに、大正末期の東西落語家の比較論がくり広げられています。

「新譯浮世床」のような登場人物だけの会話でストーリーを展開させているのは、明らかに直木が小説を落語調に書いているからで、さらに言うと落語台本としての意図があったとも考えられます。

同じく大正十三年の「苦楽」に書かれた短編「鍵屋の辻」は、「張扇から叩きだすと、『伊賀の水月、三十六番斬り』」という出だしで、冒頭から講釈師が釈台で張扇をたたきながら朗々と読んでいるようで、こちらは講談本の趣でした。

昭和に入って直木は、故郷の大阪を定期的に紀行する長文のエッセイ「大阪を歩く」に取り組みました。その「滅んだ物、興り得ない物」の章で直木は、少年時代に法善寺、空堀、天満天神裏に各一軒ずつ講釈場があったのに今はなくなったと嘆き、そして続けます。

「東京では、十年以上も、寄席へは行かぬが、大阪へくると、時々、春団治を聞きに行く。渡辺均君から紹介されて、小春団治のも聞く。愉快でもあり、上手でもある」「私が、最近『アサヒグラフ』に書いた短篇など、新らしい落語でもあり、喜劇である」

かつて「をかしいが、本当の話ぢやねえ」と言っていた初代春団治が、ここへきて小春団治とあわせ「愉快でもあり、上手」と評価されていました。またここで新しい落語と自身言う短編は、昭和五年七月の「宗清の昔咄」です。これには落語というサブタイトルはありませんが、昭和八年八月の「週刊朝日銷夏読物号」に掲載された小説「増上寺起原一説」には、タイトル前に「新作落語」と銘打たれていました。晩年になっても直木が書くものには、常に落語という意識が宿っていたものと思われます。

(21) 内田百閒

内田百閒(一八八九〜一九七一)は岡山の中学生時代から夏目漱石の作品を熱心に愛読し、東大入学後、漱石門に出入りしました。後に大学などでドイツ文学を講ずるかたわら小説を発表、特に第一創作集『冥土』(大正十一年)の諸作品は、漱石の「夢十夜」と同質な夢幻的世界を描き、漱石文学の一面を引き継いだ作家と評価されています。

その夢幻的世界ばかりでなく、百閒はまた漱石の落語好きなところも継承した趣があります。漱石が明治四十一年に新聞連載した「三四郎」中、「小さんは天才である。あんな芸術家はめったに出るものじゃない」と三代目柳家小さんを激賞し、初代三遊亭円遊との比較論を繰り広げたことはよく知られています。

百閒は、昭和十年頃にエッセイ「小さんの葬式」を発表しました。「漱石先生の作品が読書界を席巻した当時の事であるからさう云う作中の片言隻語も、小さんの名声に無関係であつたとは云はれないと思ふ、少くとも学生の間に無数の小さん崇拝者を作つた一つの機縁となつてゐる事は確かである。小さん独演会の広告や辻ビラを見ると、どんな繰り合わせをしても聴きに行つた」と、漱石の影響から小さんに傾倒したことを述べ、それから約二十年後、法政大学勤務中「内所で抜けて、神田立花亭の小さん告別式に行つた」ことまで明かしています。

百閒がひいきにしたのは小さんだけではなかったようで、昭和九年の「漱石先生臨終記」によると、小さんの弟子で目が不自由だった小せんにも引かれていたことがうかがえます。

「或る夏の夕方、近所にいた津田青楓氏を誘って、漱石先生を訪れ、小せんの落語を聞きにいらっしゃいませんかと勧めたところが、先生は気軽について来られた」「こはこれ頼朝公御幼少の頃のしゃりこうべと云った小せんの口跡が『右大将頼朝公の髑髏』となって、『道草』の中に載っている」

このように、たまたま漱石を連れ、神楽坂の寄席で聞かせた小せんの落語が、大正四年に書かれた漱石の長編小説「道草」の一節に取り入れられたと報告されています。昭和三十一年、百閒が古今亭志ん生と対談し活字化された「深夜の初会」では、この時の小せんの演目は「居残り佐平次」だったと語られていました。

このように漱石、百閒の師弟は落語と落語家をこよなく愛好し、意識的かまたは無意識に小説やエッセイに、それらを反映させていました。そればかりか、「百閒と親しく話す、貴重な時間を持った」戸板康二は、『ぜいたく列伝』(平成四年)中の「内田百閒の御馳走」で、「百閒随筆の醍醐味は、筆者がニコリともしないでする話のおかしさで、三代目小さんの話術に似ている」とも記しています。知らず知らずのうちに、百閒は小さんの話術を平生から身に付けていたのかもしれません。

「泥坊三昧」という昭和十一年のエッセイがあります。三代続けて泥棒に入られた家に構わず引越してきたものの、百閒は夜になるとやはり不用心と思いつつ、胸騒ぎし出しました。それを収めるためにある事を思いつきます。泥棒が見たら警戒して入ってこなくなるだろうとひらめき、「泥坊入口」「泥坊さんこちらへ」「泥坊休憩所」などと書いた制札をあちこちに立てておこうというもの。このあと百閒自身、「頻りに先代小さんから聴いた泥坊話の妙味を説いて、食卓の家人に自分の旧い感銘を強いた」。それから「落語に出てくる泥坊の種類は、夏どろ、釜どろ、穴どろ、碁どろ等、まだあるだろうと思う。穴どろは、小さんでなく先代の円右に聴いたのを覚えている」などと続け、泥棒噺のうんちくをひとくさりかたむけます。挙句、引越したその家を留守にしたためきっと泥棒が入ったと思い込んで、用心しながら硝子戸を破り中に入ると、変事は何もなくて空振りだったと落とす話でした。

身辺の雑記をマクラに振ってから高座の泥棒噺を本題にして語り、再び自身の体験談でオチをつける、落語の構造を熟知した作家ならではのおかしさの広がる一文です。

(22) 宇野浩二

幼時から大阪市の宗右衛門町で育ち、おしゃべり口調の饒舌体で色町界隈のたたずまいを描いた宇野浩二(一八九一〜一九六一)は、寄席や落語家を身近に感じて作品を発表しました。

自身をモデルに晩年近くに書いた小説「大阪人間」(昭和二十六年)で、宗右衛門町の通称十軒露地にある伯父の家に寄食していた頃を宇野は回想しています。

「その十軒露地に住んでゐる人の大部分は芸者であり、それから、芸人が多かった。さうして、その芸人とは、一流二流三流の旧派あるひは新派の俳優であり、男女の義太夫あるひは娘義太夫であり、落語家、その他であつた」

こうした幼時体験が花柳界、落語界などに親しみを覚えさせ、それらがのちに作品に反映されたことは容易に想像されます。大正七年から十年にかけ、いくつかの雑誌に書き継がれた初期の代表作『苦の世界』では「せんかたなく電車で上野の山下までできて、そこで寄席にはいった」「ローリング、スケートの窓からのぞくことや、看板屋の店先にたつことや、香具師の演説を聞くことや、昼講釈の寄席にはいることや、いろいろと苦心惨憺たるもの」などと、主人公を時間つぶしの一つとしてしばしば寄席に入らせています。

大正八年、宇野は友人の作家、近松秋江と自身をイメージした小説「蔵の中」を発表、これが文壇出世作となりました。質入れした着物が気になり、質屋の蔵の中に入って自ら質草の着物を虫干しし、そこで過去の歩みを振り返るという内容の話。主人公は大阪の中学生時分、毎晩聞きに行った娘義太夫にひそかに惚れていて、「せんだって、東京でその女がどこかの寄席で真打を語っているのをはからずも見まして、赤くなったことがあります」と、話します。

寄席、真打という言葉が使われているためか、菊池寛は当時の新聞の文芸時評で「蔵の中」を取り上げ、「此の題材を扱ふのに、何うして落語か何かのやうな形式を取らねばならないのか」「殊に結末の如きは宛として落語のサゲである」と評し、正宗白鳥も別の新聞の月評で「落語のやうな軽い調子を用ひたところもあつても、それが悪洒落にはなつてゐなかつた」と述べています。

これに対し、宇野は昭和十七年に刊行した『文学の三十年』で、「菊池が『蔵の中』を批評した言葉の中に、『大阪落語のやうである』といふ文句があつたので、私は、すぐ、葉書に、『僕のが大阪落語なら、君の『恩讐の彼方に』は新講談ではないか』と書いた」と反論しました。ともかく同時代の評価は、「蔵の中」と落語が関連付けられていた一例でした。

「蔵の中」発表の五か月後、宇野は同じ雑誌「文章世界」に「近松秋江論」を書きました。「先達て、或雨の降つた晩のこと、友人のSと二人で神楽坂の落語の寄席に出かけたことがあつた」の冒頭で始め、高座でしゃべっている男を見ると、「大阪弁で、その時は真打が小南だつたから、多分彼の弟子だらう、下手な話をつゞけてゐた」。その落語家は、ネタが尽きかかっているのに後の出演者が来ないらしく、救いを求めるように楽屋の方ばかりをうかがっていました。「僕はもう彼の様子が見てゐられなくなつて」「苦労に沁々同情した」。なぜ作者がこのようなことを書いたかというと、「ひいて思を文壇にやる時、僕の頭に誰よりも先に、君は実に苦労をしたなア、と肩の一つも叩いて、慰めの言葉を以て報いたい人として、近松秋江を思ふのだ」。近松の人と作品を語るのに際し、高座を下りたくても下りられなかった若手落語家の苦労をたとえにして筆を起こした、印象深い一節でした。そこに真打で名前の挙げられている初代桂小南は、大正六年に東京に移住した上方の落語家でしたから、宇野にとってはひと際懐かしい存在でもあったことでしょう。

（23）「動物園」と久米正雄

繁昌亭が開場して十年目に入った二〇一五年九月、それまで高座で演じられたネタの数の集計をとったことがあります。それによると、「時うどん」が最も多い一一〇〇回余りで、次いで「動物園」のおよそ九八〇回でした。いずれも落語家のしぐさが大きい噺で、落語を初めて見る人にもわかりやすくかつ笑いの要素の多い演目です。

「時うどん」は、明治の中期、東京の寄席に移し替えられて「時そば」として広く親しまれるネタになりました。一方「動物園」は、東京ではなじみが薄かったようでしたが、一九九三年入門で東京在住の三笑亭夢花に聞くと、彼自身すでに持ちネタにしているばかりか周辺の若手の多くが手掛け始めているとのことでした。いつの間にか、上方落語で人気の演目が「時そば」同様、東京落語に流入されていました。

さて「動物園」は、移動動物園で死んだ虎の代わりに虎の皮をかぶされて雇われた男が虎のしぐさをして客を喜ばせていたところ、突然ライオンが鉄柵の中に入れられ、決闘させられる羽目に。縮み上がって後ずさりすると、「心配するな」と耳打ちされ、ライオンも皮をかぶって人が雇われていたと判明するサゲで終わる、明治末、上方の二代目桂文之助が創作した噺です。

このネタが大正七年五月の雑誌「文章世界」で、久米正雄によって「虎」の題で短篇小説化されていました。主人公の深井八輔という新派俳優は、かつて犬にも猫にも扮したことがあって、「動物役者という異名をさへ取っていた」。それが今度は初めて虎の役をあてがわれ、またもやセリフなしで出演することに。休日に息子にねだられ、上野の動物園へ行くのを幸い、檻の中の虎をじっくり観察する機会ができ、「この朗らかな秋の日を、うすら寒く檻の中に鎖されて、あらゆる野生の活力を奪われ、ただどんよりと蹲って、人々の観るがままに動きもせぬ獣、その獣こそは自分の境遇にも似ているとさえ感じた」。深井は虎の気持ちになりきろうと決意、舞台で縫ぐるみを着て虎の動作を思い切り演じ、観客の喝采を浴びます。満悦し舞台を下りたら、そこにまさかの息子と対面、「こうして虎と人間の子とは、暗い背景の陰で暫し泣き合った」。

久米は、落語のストーリーをもとにしてセリフのない新派俳優の悲哀を描いてみせました。久米のこの短編小説に触発され、同じ大正七年九月から十月にかけ新聞連載されたのが、岩野泡鳴の小説「猫八」でした。声帯模写の江戸屋猫八がひいき筋の男に誘われ、文士たちの研究会という集まりに顔を出します。そこでは誰かの書いた小説の研究が始まったばかりで、「今、『虎』が問題になっているところです」という。「誰れのです？」「久米氏の虎です、五月の文章世界に出た」というやりとりが聞こえます。動物の物真似する猫八は、聞いているうちに、この「虎」が他人事とは思えなくなり、文士たちの会話に引き込まれます。そして感想を求められて、「いや感心致しました」と言い、「その深井というのが自分の本意でない役を演じながら、それを子供に見せて置いたのは甚だしい間違いだと思われますが――？」と芸人ならではの視点を提示します。作中の江戸屋猫八は、明治から昭和の初めにかけて実在した初代江戸家猫八がモデルにされているようです。

いずれにしろ、久米正雄と岩野泡鳴という大正を代表する作家二人が創作意欲をかきたてられた落語であったのは確かで、発端の久米は実際に桂文之助を寄席で観たことがあったのでしょうか。文之助は前述のように上方の落語家であり、その頃「動物園」が東京で演じられたこと自体は考えにくいところです。文之助は後に亭号を文の家と改め、大正四年十一月に口演速記集『文の家文之助集』(三芳屋本)を刊行しました。この本に「動物園」が収録されていたので、久米はこれに目を通し小説化していた可能性が高いと思われます。

(24)「動物園」と小説作品

大正時代の二人の作家に強い影響を与えたと思われる落語「動物園」は、同時代の他の作家にもさらに昭和に入っても、さまざまな形で小説中に取り込まれていました。

芥川龍之介を通し久米と親交のあった宇野浩二は、大正九年七月の「中央公論」に、短編小説「化物」を発表しました。ある小説家が不遇の折、熊の毛皮を着せられて興行師に雇われ、動物園の虎の檻に連れて行かれます。興行師から「虎と熊の決闘!」と呼びかけられたので、男は目をつぶると「俺も人間だよ」と相手の虎が言うというもの。宇野はこの筋を、「外国の本か何かで、確に読んだやうな気がする」として、芥川に尋ねたところ、彼は「知らん、それや、面白いね」と答えたと後記しています。

宇野はこのストーリーがよほど気に入ったとみえ、翌大正十年十一月「赤い鳥」で、「虎熊合戦」とそのものズバリの題にして童話に仕立てました。

昭和に入ると、探偵小説の第一人者、江戸川乱歩が昭和九年五月から十年五月まで雑誌連載した長編「人間豹」において、一部「動物園」のパロディ化を試みました。犯人の怪人が縫いぐるみで豹にも虎にもなりすます一方、怪人の関わる曲馬団で虎と熊の決闘をさせ、襲われた熊の皮がめくれあがると、中には名探偵明智小五郎の妻がしのんでおり、明智が虎を射殺して妻を救出し難を逃れるという筋立てにしています。

このように乱歩は「動物園」を換骨奪胎しましたが、昭和三十三年八月から三十四年十二月まで月刊誌「たのしい二年生」「たのしい三年生」と書き継いだ長編「ふしぎな人」でも、人に毛皮を着せて、豹、虎、ライオンに変身させ、合戦させるシーンを書き込みました。

宇野と乱歩と、同趣向をリライトした際は、子供向けの作品であったところが共通しています。

さて、林家染太という二〇〇〇年に入門した上方の落語家がいます。彼は英語落語に取り組み、フランス、アイスランドなどの海外公演を行いましたが、その染太から、イギリスの作家A・E・コッパードの短篇「銀色のサーカス」が「動物園」とそっくりで、落語はそこから作られたのではないかと聞かされました。調べてみると、「銀色のサーカス」は虎の毛皮をかぶってサーカス団に雇われ、まがい物のライオンと闘う男の話で、確かによく似ています。これを訳した西崎憲氏のちくま文庫解説によると、「銀色のサーカス」初出は一九二七年二月の「ハーパーズ」で、平井呈一訳が「文章倶楽部」に載ったのは一九二九(昭和四)年三月とのことでした。

それゆえに、宇野が書いた「化物」発表は「銀色のサーカス」初出の七年前であって、宇野自身が「外国の本か何かで」と思ったネタ元は、「銀色のサーカス」ではありえなかったし、『文の家文之助集』の刊行はそれよりさらに五年もさかのぼるので、「動物園」が創作されたのが先であることは明らかです。時期からいって、久米の「虎」を読んで、宇野は思い違いしていたのかもしれませんし、乱歩の二作は「銀色のサーカス」の影響下も考慮されますが、寄席を愛好した乱歩だけに落語「動物園」をアレンジして出来たものとみたほうが自然な気がします。

(25) 辻潤

ほぼ百年前、第一次世界大戦への抵抗を下にヨーロッパで芸術思想運動のダダイズムが拡がりました。日本で最初期に高橋新吉とともにダダイストを名乗ったのは、翻訳家で思想家の辻潤(一八八四～一九四四)でした。

辻は高等女学校の英語教師時代にロンブローゾの『天才論』を訳しましたが、教え子との恋愛事件で辞職させられました。教え子とは一緒になり、男児をもうけたものの早くに逃げられたため子供を母親に預け、半ば放浪の旅に出ました。その子は、後年画家で詩人となった辻まことです。その後、精神に異常をきたした辻は入退院を繰り返し、昭和十九年十一月、東京上落合のアパートの一室で一人餓死しているのが見つかりました。

この数奇な一生を送った辻に決定的に影響を及ぼしたのは、教え子でまことの母でもあった伊藤野枝でした。野枝は、辻と結婚後に出会ったアナキストの大杉栄と同棲するため家庭を捨てたものです。しかし大正十二年九月関東大震災直後、野枝は大杉とともに憲兵隊に捕まり、大尉の甘粕正彦らに虐殺されました。

元夫の辻は大阪道頓堀でこの事件を号外で知り、四国八幡浜の高橋新吉宅を訪れるとそこで雑誌社から野枝の思い出話を求められ、長文のエッセイ「ふもれすく」を寄稿しました。タイトルはドボルザークを意識して滑稽で気まぐれの意味を持たせているようですが、「野枝さんのことについてなにか書くのはこれが恐らく初めて」と断り、野枝と結婚したいきさつ、去られた後の心境などについて率直に述べています。中で蔵書をほとんど売り尽くした困窮中、「なけなしの金をこしらえて神田の立花亭のヒル席に出かけた」ことも記しています。

「馬楽と、焉馬と、小せんの三人会があったのだ」「その時が馬楽のフィナーレだったのだ。エン馬といってはわからない人があるかも知れないが、今の金原亭馬生その人が即ち当時のエン馬だったのである。その時聴いた『あくび』と『伊勢屋』と『まわし』は今でもハッキリと記憶に浮かんでくる。ひと工面して出かけた甲斐があった。またそれだけ身を入れて聴いたのでもあったろう」

二代目蝶花楼馬楽は大正三年一月に亡くなっているので、辻が聴いたのはこれを書く十年近い以前でしょうか。「あくび指南」「ちきり伊勢屋」「五人廻し」を三人からじっくりと聴いた模様で、不本意な暮らし向きにもかかわらず寄席に足を運びたかった当時の心持ちを、元妻追悼にからめて綴っていました。

(26) 食満南北《けまなんぼく》

大阪・堺市の酒造家に生まれ、歌舞伎の付作者や劇評家などとして関西芸苑の中心にいた食満南北(一八八〇〜一九五七)は、明治から昭和にかけての落語界にも通暁し、落語家の印象などを書き残していました。

同郷の小説家、村上浪六を頼って上京した食満は、早稲田で坪内逍遥に師事、歌舞伎好きが高じて芝居小屋に出入りして、劇作家の福地桜痴に学びました。そして初代中村鴈治郎の付作者になり、大阪へ戻った後は十一代目片岡仁左衛門に招かれ、歌舞伎作者として活動しました。

あわせて劇評や役者批評にも健筆をふるい、『劇壇三十五年』(昭和十五年)、『作者部屋から』(昭和十九年)など刊行しました。大阪の芸能全般について語った『大阪藝談』もまとめており、そこに「上方落語篇」として落語家の人となりと印象が述べられていました。それによると、食満は上京前に桂文屋の家に居候していたことから、歌舞伎座の作者見習いを始めた頃、「今度上方から落語家の古手が部屋へ来た」と噂されました。文屋は奇行で知られましたが、現在でもよく高座にかけられる「いらち車」、「阿弥陀池」などの作者で、食満はこの文屋を通して後々まで多くの落語家と身近に接することになります。

それら落語家の芸を書にたとえている箇所があり、「一体はなし家には、(楷)、(行)、(草)の三種があ」って、桂枝雀は(草)、桂文左衛門は(楷)、桂文枝は(行)と食満は指摘しています。文左衛門とは二代目文枝のことであり、ここで言われる文枝は三代目です。枝雀は初代で、三者とも明治、大正と客席を沸かせましたが、今では知る縁のない彼らの芸の違いをくっきりと説いていました。また「文左衛門に対しての文吾、円朝に対しての円馬、さうして團十郎に対しての幸四郎」という例を挙げ、文左衛門を知らなくとも、円朝を見てなくとも、文吾、円馬にそれぞれ至芸が継承されていると強調しています。

実は、食満の『大阪藝談』は昭和二十年に上梓される予定でしたが、戦局の悪化などにより中止の憂き目にあいました。しかしほぼ完全な形で原稿が残されていたため、二〇一六年、神戸女子大学古典芸能研究センターの編集で和泉書院より七十年ぶりに刊行されました。それにより、昔の噺家を知る貴重な資料の一つが今に伝わることになりました。

(27) 宮本百合子

プロレタリア文学作家として日本の近代文学史上に名を刻む宮本百合子(一八九九～一九五一)は、大正末期から自身の結婚生活を描いた作品に取り組み、長編小説『伸子』にまとめました。

東京生まれの百合子は高等女学校、日本女子大と進学しましたが、仕事の関係で渡米する父親に従い、大学を中退してニューヨークに渡りました。そこで古代の東洋語研究者の荒木茂と出会い、現地で結婚します。

『伸子』の主人公は百合子自身がモデルで、百合子の父は「佐々」、荒木は「佃」という名でそれぞれ登場し、ニューヨークでの父娘の暮らしぶり、伸子と佃が親密になる経緯などが詳しく語られます。アメリカに渡った一九一八(大正七)年、その時期のことで、小説中には見逃せない部分があります。

「ちょうどそのころ、ほとんど世界じゅうに瀰漫して悪性の感冒が流行していた。ニューヨーク市中で毎日おびただしい患者が脳や心臓を冒されて死亡した」

二十世紀最悪のパンデミックとされる「スペイン風邪」(一九一八～二〇)が、当時アメリカ在住の百合子周辺にも襲っていたことが知られます。

「『感冒かなーとうとうとりつかれたかな』伸子は、心の中が冷えるように覚えた。彼女も父の声を寝室に聞いた瞬間それを思い、ぞっとしたのであった。秋から流行している悪性の感冒はまだ猖獗していた」として、佐々が三十八度九分の高熱を発して入院する様子が書かれます。

この後、伸子も悪寒、全身の胴震い、痙攣などの症状を呈し、父親から感染してしまいますが、佃が切に伸子の病気を案じ、懸命に看病に尽くしました。

「病院へ行った晩、佃は半ば夢中であった伸子に接吻した。伸子はそれを彼の情熱の告白と感じて応えた。彼にはもう再びそれから感情を元に戻すことが不可能であり、伸子にもできず、次第に離れ難く互いを思うようになって来た」

伸子と佃が一緒になったのは、パンデミックが奇貨とされたのでした。

百合子のニューヨークでのスペイン風邪罹患は、文学史で埋もれていた事柄と思われます。帰国後、離婚した百合子は、ロシア文学者の湯浅芳子との共同生活を送りつつ、荒木との結婚生活を振り返る小説を雑誌に少しずつ連載、昭和に入ってすぐ『伸子』のタイトルで著作を完成させました。昭和六年日本共産党に入党、翌年党員で文芸評論家の宮本顕治と再婚し、中條から宮本に改姓して、「宮本百合子」と名乗りました。

さて顕治が獄中にあった時に、百合子はいくつかのエッセイで落語に触れていました。「ラジオなどできく落語が、近頃は妙なものになって教訓落語だが、話の筋は結局きてである働く人々の生活や文化の低さを莫迦らしく漫画化したようなものが多くていい心持ちはしない」(「〝健全性〟の難しさ」昭和十五年十二月十五日都新聞)。戦時中ですから、落語はラジオを通し聞いていたようです。

「日本には『うどん屋』という落語がある。仕事の下手なものを云う表現に『うどんくい』というのがあると、新村出氏の辞苑に出ていた」(「うどんくい」昭和十六年五月「オール女性」)とも記した文がありますので、百合子はどこかで落語の「うどん屋」も耳にしたことがあったのでしょう。

戦後発表された短編小説「菊人形」には、「おかずがあっても、おしまいの一膳はお茶づけにして、ほんとにサラサラと流しこむのだったが、おいしそうにひとしきりたべてさてお香のものへ移るというとき、おゆきはきまってリズミカルに動かしていたお箸を、そのリズムのまま軽く茶碗のふちへ当てて一つ小さく鳴らした」(昭和二十三年九月「大衆クラブ」)というシーンが出てきます。ここから嫁入り噺「たらちね」を作中で想起する百合子は、敗戦を経て出獄した顕治と十二年ぶりの水入らず生活に入った喜びをかみしめているようでした。

(28) 折口信夫

折口信夫(一八八七〜一九五三)は柳田國男と並んで日本民俗学の泰斗と言われ、その独自の研究成果はそのまま折口学と称されるほど学界では際立つ存在です。また釈迢空という名で短歌、詩、小説を発表しており、特に『海やまのあひだ』『春のことぶれ』などの歌集によって近代文学史上に歌人としての大きな名を記しました。

折口は大正十一年母校の國学院大学教授に就任し、後に慶應義塾大学の教授も兼ね、両大学で折口学を熱心に学ぶ数多くの弟子を育てました。慶應の教え子で作家、演劇評論家になった戸板康二は、折口の死後十九年を経て『折口信夫坐談』を刊行しました。これは、「先生とも、いつ別れるかしれぬ危惧と不安をもつ」戸板が昭和二十年から二十三年の間、折口の自宅に通い、「先生が話される片言隻句を、できるだけ丹念に、記録しておこうと思い、先生の前でさえ、手帳を出して書きとめた」ノートでした。「日本の危殆に瀕した時期の先生の、一言一言」は、戸板の関心の高さから歌舞伎を中心とした演劇界の話が多いのですが、落語や寄席についての発言も散見されます。

「落語家なんてものは、芸の出し惜しみをするものでね。楽屋名人じゃないが、楽屋だけで、ほんとうの芸を知っている、というようなことがあるだろうと思う。しかし、落語家は、自分で知らぬうちに、芸が上達するのだろうね。小勝(先代)なんか、へんに啖呵のできそこないのようなことが受け、同じ話ばかりしていたが、もっと知っていたにちがいない」

このほか円右、円左、小さん(三代目)らの思い出が語られ、「桂春団治は、声が濁っていた」と、上方の落語家の記述もみられました。

現在の大阪市浪速区敷津西町に生まれた折口にとって上方になじみのあったのは当然で、昭和二十四年に書いたエッセイ「寄席の夕立」では幼い頃に寄席に通ったことを回想していました。

「落し話の席は、家に近い所では、千日前に二軒あり、法善寺の裏路地とでも言ふべき處に、五六軒隔て丶、竝んでゐた」「東の金澤席が桂派の定席、西が三友派――三遊ではない――の人人の出る小屋であつた。桂派では私の知り初めた頃、後年東京にも上つた三木助が、ほんたうに豆の様な可愛い姿で師匠の南光について出て居た。桂文枝がいつもとりに出たかと思ふ」

このように幼時親しんだ落語を、文学との関わりで折口自身が折口学に取り込もうとしたことは容易に想像されます。昭和十年に発表した「伝承文藝論」の草稿とみられるものが『折口信夫全集』三十四巻に収められていて、そこに「文学と芸能との関係」と題した下の一章として、次のように記されていました。「歌と諺が、日本文学最小の種子であつたか、どうかを検査して、歌物語や、落語の分化する筋道を語る」。折口にとってはやはり「日本文学発生の径路を語る」とき、落語も重要なファクターの一つと考えていたようでした。

後に『海やまのあひだ』に収録される「いろものせき」八首が、大正六年六月の「アララギ」に発表されています。寄席を詠んだ歌人釈迢空三十歳の作でした。

うすぐらき　場すゑのよせの下座の唄。聴けば苦しゑ。その声よきに

誰一人　客はわらはぬはなしかの工《タクミ》　さびしさ。われも笑はず

「富久」のはなしなかばに　立ちくるは、笑ふに堪へむ心にあらず

(29) 久保田万太郎

東京・浅草に生まれ、生粋の江戸っ子として下町情緒を作品に残した久保田万太郎(一八八九〜一九六三)は、大正から昭和にかけて小説、俳句、演劇の各方面で多彩に活動しました。万太郎自身、昭和二年に上梓した処女句集『道芝』の跋で俳句は「余技」と位置付けていましたが、東京府立第三中学の二年後輩芥川龍之介はそこに序文を寄せ、「久保田氏の発句は東京の生んだ『歎かひ』の発句である」と高く評価しました。以後、最晩年の作品まで万太郎俳句を論じる場合、芥川の評した言葉は極め付きになりました。一方万太郎は、還暦を過ぎてから「市井人」「うしろかげ」といった俳人を主人公にした小説の佳作をいくつかものし、俳句と小説と双方に力を傾けました。

そんな万太郎が二十代後半から三十歳を前にして書いた、落語家を主人公にした一連の小説があります。大正四年の短編「今戸橋」、大正六年の中編「末枯」、翌七年の同じく中編「続末枯」がそれです。いずれも登場人物は盲目の落語家せん枝が中心で、これに精神を病む柏枝や古いなじみの三橋などの仲間と、彼らをひいきにする客の鈴むらさんがからみます。「末枯」「続末枯」になると、焦点が鈴むらさんの方に移り、初恋の相手と別れ、身代を使い果たして落はくする様子が描かれます。「末枯」というタイトルも、鈴むらさんが逼塞して暮らす所が、「其處いらは、末枯のどこか貧しい、色の褪めたやうな感じのするところ」から付けられたものでした。

一連の小説のうち『末枯・続末枯・露芝』の三作として昭和二十九年岩波文庫で刊行された折、万太郎は「あとがき」で「末枯」「続末枯」について回想しています。

「大正六七年といふ年は、その間にあつて、祖母を失つたり、死ぬかも知れない病ひに罹つたり、隣からでた火に類焼したりして、わたくしにとつて、わるいことだらけの時代だつた。だから、そのころの作は、どれもみんな、運命の、みえざる不幸の鞭の下に、たゞもう怯え、たゞもう竦み、およそ希望といふものをもたぬ、みるからみッともない恰好を、読者のまへにさらすだけの結果をもつたのである。それが、〝末枯〟を書くことによつて、わたくしは救われた」「すなわち、わたくしに、再出発の決心がついた」

不本意な年回りの時に、落語家とその周辺を書くことにより万太郎は救われ、次の作品を書く契機にもなったと振り返っているのでした。

これらの小説にはモデルがあって、せん枝は「盲の小せん」こと初代柳家小せん、柏枝は精神病院に入院した二代目蝶花楼馬楽、三橋は落語協会大幹部の四代目古今亭志ん生で、鈴むらさんは彼らのパトロンの鈴木台水でした。

かつて吉井勇が大正三年に馬楽をモデルにした戯曲三編を発表、大正七年に同じく馬楽モデルの小説集を出版しました。吉井が偏愛といっていいくらい馬楽に深入りしたのに対し、万太郎は小せんと客の鈴木台水にどちらかというと力点を置いた小説にしていました。吉井と万太郎は親しい間柄でしたが、発表された年次をみると、万太郎のほうが吉井の作品にいい意味の影響を受けたとみるのが妥当でしょう。

昭和二十四年、作家の安藤鶴夫から単行本『落語鑑賞』の序文を依頼された万太郎は、安藤の解説した落語十演目の一つひとつに作句して文の代わりにしました。たとえば「鰻の幇間　横町のうなぎやの日のさかりかな」「笠碁　ばかにならぬしぐれの降りとなりにけり」など。

昭和二十七年、この『落語鑑賞』の演目が四つ増えて十四の内容になって再刊されると、万太郎は新しい句を四つ作り、さらに「笠碁　時雨笠あはれまぶかにかぶりけり」などと作り直した句も含めて新しい序文を贈りました。晩年の佳品が俳句を小説化する味わいがありましたが、ここでは落語の俳句化を試みたものと思われます。

(30)　林芙美子

「私は宿命的に放浪者である。私は古里を持たない」で始まる『放浪記』の作者・林芙美子(一九〇三〜五一)は、さまざまな職業と男性遍歴を重ねて小説や詩に打ち込んだ人気作家でした。

現在の北九州市門司区に生まれ(『放浪記』では山口県下関市出生)、行商の母と義父とともに下関、直方、長崎、佐世保など放浪に近い形で転々としました。十一歳の頃、芙美子は広島県尾道市に落ち着き、地元の小学校と高等女学校を卒業、その後、因島出身の東京の大学生を頼って上京し、女中、下足番、女工、女給など種々の職業に携わりました。

その大学生に婚約を取り消された後、詩人の新劇俳優と同居、その縁で萩原恭次郎、辻潤、野村吉哉、壷井繁治らダダイズム系の詩人たちを知りました。新劇俳優と別れてからは、そのうちの一人の野村と一時同棲生活も送りました。

大正末年のその頃、すでに文壇で地位を築いていた徳田秋声のもとに芙美子は通い始めます。昭和十年に発表された「文学的自叙伝」によると、「私はひとりになると、よく徳田先生のお家へ行ったし、先生は、御飯を御馳走して下すったりしました」。

当時秋声宅には女弟子の山田順子が出入りしていて、秋声は芙美子を交えた三人で出かけたこともあったようです。そのあたり、『放浪記』第二部に記されています。

「『ね、先生！　おしるこでも食べましょうよ。』順子さんが夜会巻き風な髪に手をかざして、秋声氏の細い肩に凭れて歩いている」「しる粉屋を出ると、青年と別れて私達三人は、小石川の紅梅亭と云う寄席に行った。賀々寿々の新内と、三好の酔っぱらいに一寸涙ぐましくなっていい気持であった」

このように、秋声に寄席に誘われた記憶は芙美子には大きいものでした。

ここで言われている「三好の酔っぱらい」とは、昭和の初めまで音曲師として活動していた二代目柳家三好《さんこう》による酒にまつわる噺か唄に、芙美子は感心していた様子がうかがえます。

『放浪記』第三部には、別れた男に宛てた手紙文が詩のように書かれた一節があります。「インキを買って帰る。／何とかしておめもじいたしたく候。／お金がほしく候。／ただの十円でもよろしく候。／マノンレスコオと、浴衣と、下駄と買いたく候。／シナそばが一杯たべたく候。／雷門助六をききに行きたく候。／朝鮮でも満洲へでも働きに行きたく候。／たった一度おめもじいたしたく候。／本当にお金がほしく候」

雷門助六の名が突然に出てきますが、この後、「夜、上野の鈴本へ英子さんと行く。猫八の物真似、雷門助六のじげむの話面白し。ああすまじきものは宮づかえ」という記述があり、勤めの同僚と定席の鈴本演芸場に足を運んで、助六の噺を好んでいたことが分かります。この助六は、四十年間高座を勤め昭和八年に引退興行を催した六代目で、華麗な踊りと手堅い語り口で平成の初年まで多くのファンを引き付けた八代目の実父にあたります。この時の六代目は、生まれた子供に長い名前をつけて戸惑う「寿限無」を演じて、芙美子らを楽しませたようです。

『放浪記』は、芙美子が書き溜めていた日記風の雑記帳をもとに、昭和三年、雑誌「女人芸術」に連載されて注目され、昭和五年単行本化されました。たちまちにベストセラーとなり、第二部の『続放浪記』が刊行され、戦後には第三部も出版されました。

一躍、人気女流作家となった芙美子は、戦時中、報道班員としてジャワ、ボルネオなど南方に従軍、戦後は「晩菊」「浮雲」など荒涼とした人生後半の哀しみをじっくり描く名作を残し、わずか四十七歳の生涯を閉じました。

(31) 谷崎潤一郎

明治末から昭和四十年に死去するまで数多くの名作をものした谷崎潤一郎(一八八六〜一九六五)は、「大谷崎」と呼称されるほど近代文学史上に燦然とその名を刻んでいます。

その谷崎は大正十二年関東大震災に遭って後、関東地方を逃れ、転居を繰り返しながらおよそ三十年関西各地に移り住みました。

関西の暮らしになじみ出した昭和七、八年頃、谷崎は寄席に足を運ぶようになりました。

「二、三年前から、私はときどき此方の寄席を覗くことがある。行くのは主に法善寺境内の『花月』であるが、殆どいつも大入満員の盛況で、ぎつしり詰まつてゐる間に辛じて席を占めながら、小さな手焙りを引き寄せて茶を飲み煙草をふかしてゐると、幼年の頃父や母に連れられて人形町の末廣や茅場町の宮松へ行つた時分のおぼろげな記憶が、なつかしくもよみがへつて来るのである」(「大阪の藝人」昭和十年一月号「改造」)

その寄席で谷崎は、東京で昔見た朝寝坊むらくが三遊亭円馬と名を改めて「高座に現はれたのを見た瞬間、「ぎょっとした」。しかし谷崎の目からみると、この円馬はもはや往年のむらくではありませんでした。「眼の光が著しく柔和に、分別臭くなつて、あの生意気な、狡猾さうな輝きが消えて」「昔のむらくを藻脱けの殻にしたものが円馬になつてゐる」。さらに「大阪の地ではあの話ぶりはあまりサラサラし過ぎてゐる」「此の間死んだ春団治などのアクどさに比べると、あれでは如何にも油ツ気が足りない」と、円馬が大阪の客にもう一つ親しまれなかった原因も分析していました。

ところでここに挙げられている春団治とは、これが書かれる三か月前に亡くなった初代桂春団治のことでした。春団治の特徴についてここでは「アクどさ」と言っていますが、その三年前に発表した「私の見た大阪及び大阪人」(昭和七年二月号〜四月号「中央公論」)によれば、「あの地響きのする声を出す」と指摘していました。

一体に谷崎は「声」を重視していて、「大阪人と東京人との肌合ひの相違を、何よりも彼等が話す『声』に於いて強く感じる」(前掲文)と、東西の比較論までしているほどです。

二代目春団治の訃報が伝えられた昭和二十八年、谷崎は二代目死去八日後の三月五日に「春団治のことその他」と題した追悼文を毎日新聞に寄せました。

「先代が生きてゐた頃の彼は福団治と云つてゐたが、その時分には色の白い童顔の、圓ぽちゃの、愛嬌たつぷりの男であつた。そしてその顔は、実に大阪の特色を丸出しにした顔であつた。あゝ云ふ感じの顔は東京にもないが、京都にも決してない。又大阪から西の方に行つてもない。先代の春団治も此れ又大阪人らしい風貌の持主であつたが、後の春団治に至つては、話術に於いては未だ先代に及ばないものがあつたとは云へ、風貌に於いては正に先代を辱しめないものがあつて、大阪も大阪、あくどいくらゐの大阪顔であつたと云へる」

二代と初代との風貌を主にして比べ、二代目の大阪顔を浮き彫りにしました。そして、やはり声についてもこの後に論じています。

「大阪の特色を最も多分に示してゐたものはその音声であつたかも知れない。あの滑らかなやうでネチネチしたやうな、油ツ濃くてたつぷりした分厚な感じのする肉声は、顔の輪郭や表情よりもなお一層大阪的で、私は何よりもそれに魅せられたところが多かった」

このように谷崎は、初代と二代目の春団治を心より愛好していました。春団治を通して上方落語に耳を傾けることが、かつて東京で生活していた昔を思い出すよすがとなり、それがそのまま東西の文化にまで思い及ぶ術にもなっていたようです。そうした一連のことが、谷崎にとって縁のなかった関西の地で旺盛な執筆活動を続けるモチベーションの一つになっていたものと思われます。

(32) 江戸川乱歩

大正から昭和にかけ日本の探偵小説・推理小説の世界を切りひらいた江戸川乱歩(一八九四～一九六五)は、生涯にわたって寄席や演芸を好んだ作家でした。

三重県の今の名張市で生まれ、幼時に愛知県名古屋市に移った乱歩は、すでにそこで落語と出会いました。「私は小学生時代、名古屋の七間町の、『富本席』で、はじめて落語を聴いたときから、郷愁の心易さと懐かしさを感じていた」(『わが夢と真実』昭和三十二年八月)。早稲田大学を卒業後の大正半ばには、東京の本郷にある「若竹」や浅草の「金車」によく足を運んだと乱歩自身が振り返っています。「独身時代、これという情熱の対象もなかったような時期には、当時酒が呑めなかったので、毎晩寄席へ行った。夕食がすむと、じっとしていられない淋しさをまぎらすのに、ほかの遊びを知らない、又その費用もなかった私は、必ず寄席へ行った」。

大正十二年に「二銭銅貨」などの短編小説を雑誌「新青年」に発表、翌十三年大阪毎日新聞社広告部を退社して、乱歩は作家専業を決意します。上京して本格探偵小説に取り組み、「新青年」の大正十四年一月号に掲載したのが「D坂の殺人事件」でした。D坂というのは東京本郷の団子坂のことで、大阪・守口に転居する前、乱歩は弟二人とともに古本屋を開業していた土地でもありました。この作品で画期的なことは、のち乱歩作品に主人公役あるいは狂言回し役にトレードマークのごとく頻出させた明智小五郎を初めて登場させていたことです。乱歩は晩年近い昭和三十六年刊の『探偵小説四十年』で、「D坂の殺人事件」について回想しています。

「この小説で初めて明智小五郎という素人探偵を登場させた。モデルは講釈師の伯龍なんだが、そのころ私は大阪の寄席で伯龍を聴いてひどく感心した。顔や姿も気に入った。好もしい意味の畸形な感じを多分に持っていた。そこで何気なく伯龍を素人探偵のモデルに使って見たわけである」

ここで言われる伯龍は五代目神田伯龍で、吉本興業に所属していたため大阪の寄席に出演する機会も多かったのでしょう。ともかく乱歩は大阪の地でこの伯龍の講談を聴き、強く印象に残していました。

昭和二年春から三年の夏まで乱歩はスランプに陥り、休筆して各地を放浪します。「関西へ行った時は、どうした風の吹き廻しであったか、最初のつもりでは、久しぶりで文楽の人形と、大阪落語の春団治を見るのが目的だった」「何が私の心を惹いたのであるか、私はやっぱり関西人であったのであるか、私は春団治を、その時彼がちょうど大阪の席に出ていなかったので、京都まで聞きに行って」「鴨川べりの宿屋に腰を据えてしまった」（『わが夢と真実』）

このように初代桂春団治を京都の寄席まで追っかけた乱歩は、昭和三十四年桃源社の推理小説全集第一巻として『ぺてん師と空気男』を書き下ろした際には、上方種の落語にも触れていました。小説中のぺてん師伊東錬太郎は、冗談のいたずら男という意味のプラクティカル・ジョーカーを自認していて、「落語にもジョークがたくさんあるといって、『仇討屋』『嘘つき村』『嘘つき弥次郎』『附き馬』『花見の仇討』『宿屋の仇討』『壺算』などの実例を挙げた」落語通でした。このうち「大阪だねの落語」の『壺算』が、アメリカのジョーカーの逸話本に出てくる手口と同じと言って、『壺算』の二荷の壺がだまし取られるストーリーが詳しく紹介されています。まさに落語をよく聞き込んだ作者ならではの主人公の造形でした。

『ぺてん師と空気男』刊行前年の昭和三十三年、三遊亭小金馬（のち四代目金馬、二代目金翁）が真打ち昇進しました。四月十日銀座で行われた披露パーティーの席上、祝辞を述べ、配りものの挨拶状に祝いの言葉を贈ったのは、ほかならぬ江戸川乱歩でした。前途ある若手落語家にも目配りするほど乱歩は、落語界、演芸界に親しみを持ち続けていたのでした。

（33） 活動弁士

二〇二〇年の正月映画で周防正行監督の『カツベン！』が公開され、かつて大衆娯楽の王道であった活動写真や活動弁士があらためて話題になりました。

無声映画は現在、色物として繁昌亭でも時折上映されており、坂本頼光や大森くみこといった活動弁士が今風にその話芸を披露しています。

かつての文豪たちはそうした活動弁士に無関心ではいられなかったようで、何人かがいくつかの作品に取り入れていました。

明治末から昭和にかけて活躍した徳田秋声（一八七一～一九四三）は、昭和十年に連載した長編小説「仮装人物」で、「『闇の光』、『復活』などもそこで彼女と一緒に見た無声映画であった」「まだそのころは映画も思わせぶりたっぷりな弁士の説明づきで、スクリンに動く人間に声のないのも、ひどく表情を不自然なものにしていた」などと映画を語っていて、昭和十六年の「縮図」では、「弁士の谷村天浪」「土屋といふ弁士」など弁士の芸名まで記していました。

日本の探偵小説の第一人者、江戸川乱歩は中学生の頃、当時住んでいた名古屋市の御園座で無声映画を鑑賞して感激した文章を残しています。

「そのころ著名の弁士兼興行師であった『スコブル大博士』駒田好洋という人が、『ジゴマ』を持って地方巡業をしていたもので、瘦せ型でメフィストめいた風貌の駒田氏が、コーモリの羽根のような黒いインバネスコートの袖をひるがえして、前説をした光景が今も目に浮かぶ」(「わが青春の映画遍歴」)

映画の説明中の「すこぶる非常」が口癖で自ら「すこぶる大博士」を名乗って人気を博した駒田好洋を、乱歩は実際に見ていたのでした。その影響もあったからか、まだ小説を書く前の二十四歳の頃、大阪の会社を辞め放浪した後に東京にたどりついた乱歩は、「もう十日もしたら、いよいよパン代もなくなるという土壇場になって、私は活弁になって収入の道を得ようと決心」しました。そこで弁士の江田不識を訪ねましたが、「弁士の前座になつたつて、二三年は無給の手弁当だよ」と言われ、「すごすごと引下つた」のでした(「活弁志願記」)。このように乱歩に、活動弁士を志した時期があったことは意外です。

その乱歩が、後年名探偵・金田一耕助シリーズで推理小説の名作を次々に産み出した横溝正史(一九〇二〜一九八一)を見出します。神戸の実家で薬剤師を務めていた横溝に乱歩が上京を勧めたもので、横溝のほうは、大正十四年の四月初めて乱歩に会って、「このとき私の運命は決定したのである。もし、このことがなかったら、引っ込み思案の私のこと、いまでも神戸で売れない薬局を経営しながら、しがない生涯を送っていたにちがいない」(「探偵小説昔話」)と回想しています。

横溝の代表作の一つ「悪魔の手毬唄」は、昭和三十二年から三十四年にかけて雑誌連載されました。昭和三十年八月の岡山と兵庫の県境を舞台に、土地に伝わる手毬唄の歌詞通りに連続殺人事件が起こり、金田一耕助が事件解決に乗り出すという内容です。この事件には昭和七年に同じ村で発生した殺人事件が関与していて、金田一は前年の六年に村に現れ事件後、姿をくらませた男の行方を追い、つぶやきます。

「この昭和六年という年を映画のほうでみますと、そうとう重要な年になっているようです。つまりトーキーがおいおい軌道にのってきて、弁士という職業のひとたちが前途に不安をおぼえはじめたのがそのころなんです」

神戸の活動弁士青柳史郎がこの事件の鍵を握っていて、背景には無声映画からトーキーに移り変わる弁士の不遇時代の始まりがありました。

神戸で生まれ育った横溝には、新開地でなれ親しんだ活動写真や活動弁士が記憶の奥底にあり、それを作品のモチーフにすることによって、「一番僕の作品では文章の嫌味もなくよく出来た」(昭和三十七年「宝石」)と評する「悪魔の手毬唄」が誕生しました。

(34) 山本周五郎

人情もの時代小説の第一人者、山本周五郎(一九〇三〜一九六七)の文壇デビュー作は、「文藝春秋」の大正十五年四月に発表された「須磨寺附近」です。

山梨県に生まれ、東京の質店に徒弟で住み込み、戦後すぐから横浜で作家生活の大半を送った周五郎の処女作ともいえる作品が、関西の神戸が舞台でしかも現代ものであったというのは意外なことでした。

大正十二年の関東大震災で質店が被災した周五郎は、関西に避難し兵庫県豊岡の地方新聞社に就職しましたが、すぐに辞めて神戸市須磨区に向かいました。そこに幼友達の姉が嫁いでいたからで、止宿させてもらいながら観光ガイド誌の記者の職を得ました。その仕事も四か月ほどしか続かず、翌年にはもう東京に引き上げてしまいますが、神戸での体験が小説作品に結びつきます。

「須磨寺附近」は、月見山にある友人の姉の嫁ぎ先が夫の米国勤務のため友人も姉と一緒に暮らしていて、そこに転がり込んだ清三の話になっています。休日に三人は六甲山や須磨寺などを散策し、清三は五歳上の友人の姉に淡い恋心を抱きます。ある日、清三は姉に神戸座の芝居に誘われ、勤めの後に勇んで出かけると、そこには見知らぬ男が彼女と親しそうに話していました。清三はただ遠くから二人を見つめただけでしたが、のちにそれが彼女の米国行きを夫の上司と相談していたことと知らされます。

当時二十二歳の周五郎の文壇出世作に、実際にあった神戸座が重要な舞台になっていました。周五郎が神戸に居た時分、新開地に神戸座が実在しており、小説中のように芝居と映画を見せていました。そこは昭和になって新松竹座と改称され、映画専門館になりましたが、別に神戸松竹座が昭和三十四年元日から新たにスタート、昭和五十一年九月の閉館まで演芸場として笑いを市民に提供していました。

「二階の正面の席」「東の桟敷」など松竹座の内部も書きこまれていますので、周五郎はこの時の松竹座に何回か足を運んでいたと思われます。

東京に戻った二十五歳の折、周五郎はぶらりと立ち寄った現在の千葉県浦安市が気に入り、そこに住まいを見つけて一年あまり東京の勤務先まで通いました。その経験が、およそ三十年後の昭和三十五年一月から十二月まで「文藝春秋」に連載された長編小説「青べか物語」に生かされることになります。地名は浦粕町ですが、その頃の浦安町をモデルにしていたのは明らかで、洋食屋、旅籠宿などとともに「浦粕亭（寄席）へなにわぶしを聞きにゆこう」など寄席の浦粕亭も出てきます。

さて周五郎本領の時代小説ですが、昭和二十一年から二十五年頃に書かれた中短篇には、面白いことに別名のペンネームがしばしば使用されているのに気づかされます。「備前名弓伝」の神田周山は講談師のような名前ですが、「風流化物屋敷」と「ゆうれい貸屋」の風々亭一迷（夫婦ゥテ言ッチメエ）、「人情裏長屋」の折箸蘭亭（俺ハ知ランテー）、「長屋天一坊」の酒井松花亭（酒一升買ッテー）などいかにも戯作者風、落語家風の作者名でニヤリとさせられます。

「長屋天一坊」は確かに「第一席天一坊は大逆犯人のこと」など、小見出しで一席、二席と記す落語仕立てにしていますし、終いの第九席では「並びに事件落着大喜利のこと」と寄席用語の大喜利まで使っています。

「大衆小説を初めて書かせてくれた」山手樹一郎について回想した昭和三十五年の文に、「三年くらい前に、僕の親しい新人落語家の会が池袋であった時、近所まできたから山手の家を訪ねようと思った」と落語家と親交のあったことも述べられています。周五郎は寄席に馴染んだ結果、親しい落語家が出来、ある面で落語家、または講談師の口調によって時代小説を紡いでいったようです。

(35) 小島政二郎

『人妻椿』『新妻鏡』などの大衆小説で一世を風靡した小島政二郎(一八九四〜一九九四)は、三遊亭円朝ら落語家や講釈師を題材にした作品を多く残した作家でした。

昭和十年代に発表された『人妻椿』と『新妻鏡』は共にすぐ映画化され、殊に『新妻鏡』は佐藤惣之助作詩、古賀政男作曲の主題歌がヒットしたこともあって、戦後も再映画化、さらに昭和四十年代まで数度にわたってテレビドラマ化されて主婦層を中心に親しまれました。

東京下谷の呉服商の家に生まれた小島は、慶應義塾大学在学中から「三田文学」に関わり、卒業後は母校で教壇にも立ちました。大正十一年、五代目神田伯龍が実家を飛び出し、迷いながら講釈師に弟子入りして苦難の末に芸を確立する中編小説「一枚看板」を書き上げて文壇に認められました。

ほぼ同じ頃、師匠との夫婦仲が悪くなった曲師おはまを助けて九州に駆け落ちし、現地で人気爆発した浪曲師・桃中軒雲右衛門を描いた中編小説「おはま」も書いて、小島は芸界の人間模様を多彩に浮き彫りにしました。

昭和に入って小島は大衆小説に新機軸を打ち立て、たくさんの読者を獲得しましたが、芸界への関心は依然持ち続けていました。昭和三十二年から三十三年にかけて週刊誌に連載された長編小説『円朝』は、近代落語の創始者・三遊亭円朝の一代記で、大衆小説と芸界を結び付ける小島の集大成的な作品になりました。

その冒頭で、小島は大工棟梁だった祖父利八の思い出を語っています。

「小学校へ上ったか上がらないかの私を寄席へ連れて行って、講談、落語の面白味を教えてくれたのもこの祖父だ。私がまがりなりにも、名人円朝の人情話をおぼろげながら知っているのも、この祖父のお陰だ。そればかりでなく、祖父は円朝と幼友だちで、寺子屋が一緒だった」

円朝が父親の落語家・円太郎の道楽に手を焼き、苦労するのを陰に陽に手助けしたのが他ならぬ利八で、小島は円朝の出世話を記しながら自身の祖父のこともまた語っているのでした。つまり円朝の評伝が小島の原点である自叙伝に近い形で成立した作品が、『円朝』でした。

小島が晩年に雑誌連載したエッセイ「八枚前座」は、過去に見た名人たちの芸談に終始していて、昭和五十年代の落語界について「既に落語も亡びているも同然」と慨嘆しているのが印象的でした。

(36) 藤沢桓夫

昭和の時代に流行作家として活躍した藤沢桓夫(一九〇四~八九)は、大阪市住吉区上住吉の自宅跡地に顕彰碑が建てられるなど、多くの後輩作家たちに慕われました。

藤沢の代表作は、自身『回想の大阪文学』(昭和五十八年八月)中で認めている通り、昭和十六年から翌年にかけて新聞連載された「新雪」で、この長編小説は幅広い読者層の話題を呼び、昭和十七年に五所平之助監督により映画化もされました。当時からファンだったという肥田皓三・元関西大学教授によると、藤沢のどの作品も、「都会派で、昭和十年代の大阪の土地や女性の風俗が、まざまざと目の前に現れてくる」そうでした。

このように活躍した藤沢に後輩作家たちも薫陶を受けていて、ともに大阪出身の五味康祐と司馬遼太郎については、藤沢自らが思い出を語っています。

「五味君を最初に私のところへ連れて来たのは、当時まだ産経新聞の文化部に籍のあった司馬遼太郎君だった」「その数年後ともに人気作家として目ざましい活躍をはじめる若き二秀才を迎えて、私がどんなに喜んで、三人でお喋りしたかは今さらここに説明するまでもないであろう」(『随筆人生座談』昭和五十六年九月)

藤沢の没後三周忌の平成三年六月に刊行された『藤澤桓夫句集』に司馬は序文を寄せていて、藤沢の人間性と文学を記していました。

「藤澤先生は、諸事、閃烈な人間的一情景を愛された。それを座談で楽しむとき、ゴシップでなくて、高雅で、きいていて当方に清らかな快感がおこった。文学とはそういうものではないか」

さてこの藤沢はやはり大阪の作家らしく、上方落語を愛好し、殊に初代桂春団治をひいきにしていました。

「私は初代の桂春団治が好きであった。この大阪落語界の生んだ鬼才の芸術に傾倒していたと言っても過言ではない。今は亡き武田麟太郎も彼の心酔者の一人であった。大学生の頃、武田と私とはよく南の花月や紅梅亭に通って彼を聴いた。そして、二人でよく情熱をもって彼の芸術を論じ、結局は礼讃した」(『大阪我がふるさとの――』昭和三十四年五月)

今宮中学と東大で同期であった武田麟太郎ともども寄席に足を運び、春団治に聴き入った若き日の藤沢の姿がほうふつとされます。先の文に続き、藤沢は次のようにも述べています。

「この頃は下手な小説家が多くなった。こう言う人たちは、春団治のレコードを、何か一つでよい、暗誦出来るくらい掛けてみたら、もう少し上手な小説が書けるようになれるのではないかと言う気さえする」

初代春団治は昭和九年に死去しましたが、実際藤沢は慕ってきた後輩作家たちにレコードに残された春団治の落語を聞くようにアドバイスしていたものと思われます。

藤沢の実質的な文壇デビューは、大正十四年同人雑誌「辻馬車」第三号に発表した短編小説

「首」が川端康成らに賞賛されてからでした。この「首」のラストシーンは、印象的です。「飽和度を突破した私は、両手で、自分の首を、胴体から引き離すと、いきなり、それを都会の心臓目がけて、抛げ下した」「私の身体は、失神して突つ立つてゐるロオルの露台に残したまま、塔のやうな建物から逃げ出した」。恋人のミランダは首のない自分を棄てるだろうと思いながら、「思ひ切つて、私は、扉を、ぐいん！　と押した。ミランダの腕に抱かれて、首が、私を待つてゐた」。

シュールレアリスティックな不思議な作品ですが、古典落語「首提灯」にそっくりなくだりがあります。居合抜きで首をはねられた男が、自分の首を持ち上げて駆け出すところです。投げ下ろすのと持ち運ぶのとの違いはありますが、自分の首を手に持つというSF的な手法に、この落語から藤沢はヒントをつかんだことが想像されます。

(37)　織田作之助

織田作之助（一九一三〜四七）の出世作は、ぐうたら亭主柳吉としっかり者女房蝶子の夫婦仲が描かれた「夫婦善哉」で、発表されたのは昭和十五年四月、織田作二十六歳の折でした。

この小説の魅力は、実家から勘当された柳吉が芸者蝶子と一緒になって、剃刀屋、関東煮屋、果物屋など店を構えては次々と潰していくというストーリーのスピード感と文体のリズムに、自然読者が酔わされる点にあります。そんな主人公の二人は、しばしば連れ立って出かけ、「仲良く腹がふくれてから、法善寺の「花月」へ春団治の落語を聴きに行くと、ゲラゲラ笑い合って、握り合ってる手が汗をかいたりした」と、仲の良さが描出されます。

また夫婦喧嘩した時など、蝶子は一人「千日前の愛進館で京山小円の浪花節を聴いたが、一人では面白いとも思えず、出る」というシーンもあります。最後は二人とも浄瑠璃に凝り出して終わりますが、この夫婦には落語、浪花節、浄瑠璃といった庶民の親しんだ伝統芸能が生活の一端に取り込まれていたことがうかがえます。

特に浄瑠璃が日常に深く根付いていると思われるところは、三日帰らなかった柳吉がようやくに夜遅く戻った際、「今ごろは半七さんが、何処にどうしてござろうぞ。いまさら帰らぬことながら……」などと三勝半七のサワリを語る部分です。もともと「柳吉は些か吃りで、物をいうとき上を向いて一寸口をもぐもぐさせる」癖があって、「ど、ど、ど、どや、うまいやろが、こ、こ、こ、こんなうまいもん何処イ行ったかて食べられへんぜ」と語らせています。しかし浄瑠璃を口にする時は、スムーズな語りです。柳吉をあえて吃音に設定させ、また身体に芸能の一部を染み込ませていたことは、作者織田作がしゃべりのリズムについて並々ならぬ高い関心を抱いていたことが考えられます。人権意識の高まりから近年ではほとんど演じられなくなりましたが、初代桂春団治による吃音者の出てくる落語を、織田作が実際に聞いていた可能性が否定できません。

初代春団治は昭和九年十月に死去しているので、織田作が精力的に小説を発表していた頃の春団治はすでに二代目が活動していました。しかし、織田作にとっては初代の印象が強烈だったようで、昭和十八年四月、長編小説「わが町」を書き下ろし刊行し、その主人公佐渡島他吉の住む河童路地の住人として〆団治という落語家を登場させています。〆団治は、他吉と次のように会話するくだりがあります。

「わいの師匠の初代春団治ちゅう人は朱塗りの人力で寄席をまわって、えらい豪勢やったけど、わいはこの歳になるまで、エレヴェーターには乗ったけど、人力いうもんには、到頭いっぺんも乗らずじまいやった」

「その代り、お前の落語も日本じゃ一ぺんも受けずじまいやったな」

隣人の気安さか、他吉には遠慮のない物言いをされる〆団治ですが、一方で得意ネタがあって、他吉にこんなセリフも吐いていました。

「この落語はな、『無筆の片棒』いうてな、わいや他あやんみたいな学のないもんが、広告のチラシ貰て、誰も読めんもんやさかい、往生し、次へ次へ、お前読んでみたりイ言うて廻すおもろい話やぜ。さあ、続きをやるぜ笑いや」

「無筆の片棒」は、今はやり手がなくなりましたが、初代春団治は確かに高座にかけていました。昭和二十一年三月に書かれた小説「アド・バルーン」にも、さまざまな職業を遍歴する主人公十吉の父親で、芸名を円団治といった落語家が出てきます。さらに同時期に発表された短編「昨日・今日・明日」では、復員した一等兵赤井新次の本職が落語家であり、赤団治と名付けられています。

ついでながら、「アド・バルーン」の十吉の弟も新次という名で、満州へ行ったことにされています。ところが十吉の継母が幼い「新次のことを小円団治とよんで、この子は芸人にしまんねん」と言っていました。織田作の中ではタイトルの違う二つの小説はつながっていて、新次は同一人物と想定していたのかもしれません。

〆団治、円団治、赤団治、小円団治と織田作が小説に登場させた落語家にはみな一様に「団治」が付けられており、初代春団治によほど思い入れの深かったことがみてとれます。

初代桂春団治について「夫婦善哉」「わが町」などの小説中で言及していた織田作は、それでは一体どんな上方落語を好んでいたのでしょうか。

昭和十八年に刊行された評論集『大阪の顔』所収の「大阪論」で織田作は、大阪の土地や大阪人を考察しています。手掛かりとして大阪出身の作家や文楽が挙げられ、後半では落語にも触れていました。「大阪落語が東京のそれに優っている一番の理由は、情景描写や性格描写の巧みさ」で、そこに「大阪のもつ現実凝視の鋭い眼がある」と言い切っています。そして、その落語の中では「「鴻池の犬」がもっとも大阪らしい傑作」と言って、ストーリーを具体的に述べてもいました。

また大阪の作家では藤沢桓夫の「新雪」が、「大阪的な人物が生かされて」「大阪的」とし、「毎日一つのエピソードを、落ちをつけて紹介しながら、筋をはこんだという話術に」、オダサクは「ある種の大阪的なものを感じ」ていたようです。

昭和二十一年に発表された心境的短編小説「郷愁」の始めの部分では、「新吉の小説はいつももちゃんと落ちがついていた。書き出しの一行が出来た途端に、頭の中では落ちが出来ていた。いや結末の落ちが泛ばぬうちは、書き出そうとしなかった。落ちがあるということは、つまりその落ちで人生が割り切れるということであろう」としています。織田作自身が投影された主人公である作家新吉の原稿用紙への向き合い方、落ちに対する考え方がそこに記されていて、このような姿勢があったからこそ、落ちのある落語への関心は否が応でも高まっていたのでした。

さてその落語をふんだんに取り入れた作品というのが、いくつかみられます。「郷愁」と同年に書かれた短編小説「見世物」がそれで、元禄の世、大阪を旅して故郷敦賀国に戻った久助が、村の人々に土産話をせがまれます。「……伏見の三石船で淀川下り、着いたところは大阪の八軒屋だ。そこから北浜一帯を見渡せば屋根に白壁がずらりと並び」などと、延々八軒家浜の描写が続きます。三石船とはありますが、名作「三十石」の一節が引用されていることは言うまでもありません。

その久助、新町の廓にあがったときの相方についても語っていて、「ふと見ると、痩せた青首が、するするとのびて、行燈の油をペラペラと舐めている。「うわァー」声を出したか、出さなかったか」、久助が逃げ出すこの部分が、婿養子先に入った晩に新婦の首がのびたため仲介した先に逃げ込む「ろくろ首」のパロディであることは明らか。

ところで、久助のこの話を聞いた吉兵衛が田地、屋敷を売り払って大金にし、大阪新町まで繰り出しました。「吉兵衛は、その女郎を身請けして、轆轤首の女の見世物とし、大阪の盛り場に小屋掛けして一儲けする肚だった」。それは半分成功したものの女が油を舐められなくなって半ばは失敗するのですが、このくだりは、見世物用の一つ目小僧を探すうちに一眼国に紛れ込んでしまう噺「一眼国」を踏まえていました。

ろくろ首で儲けられないと知った「吉兵衛は「一丈の鼬」という見世物を掛けた。這入ってみると、一丈ばかりの板に血を塗ってイタチ即ち板血だとあきれはてたインチキ」までします。「東の旅」シリーズの発端「軽業」に出てくる板血のくすぐりが、ここにそのまま使用されていました。

さほど長くない作品「見世物」には、ここまで見ただけで「三十石」「ろくろ首」「一眼国」「軽業」と四つの上方落語が盛り込まれていたのでした。

織田作は殊に「ろくろ首」が好きだったようで、一九四〇年五月の「放浪」、一九四五年十月の「道なき道」など見世物小屋を登場させる際には必ずといっていいほどろくろ首を記しています。

一九四三年九月の「道」は、作者がモデルとみられる佐伯が鬱屈した気持ちを抱えて街中をさまよう短いストーリーです。佐伯は歩いていくうち、校舎の三階の窓に灯がともっているのに気が付きます。

「いきなり窓がひらいてその灯がぬっと顔を出す。あっと声をのんだ。灯と思ったのは真赤な舌なのだ。いや火だ。口から吐き出す火だ。ぐんぐん伸びてくる。首が舌が火が……背なかを舐めに来る。ろくろ首だ」

何故織田作はろくろ首を好んだのでしょうか。一九四二年一月に書かれた「秋深き」という、温泉宿に転地療養する肺を病む男の話があります。ここで一緒になった夫婦づれが奇妙な理屈を語ります。

「ろくろ首いうもんおまっしゃろ」「夜なかに人の寝静まった頃に蒲団から這い出して行燈の油を嘗めよる」「虐待されとるから油でも嘗めんことには栄養の取り様がない」

織田作にとっては、創作の上でもろくろ首は必要な栄養モチーフだったのではないでしょうか。

(38) 武田麟太郎

織田作之助は、同じ大阪出身の作家武田麟太郎(一九〇四〜四六)の庶民的視点で庶民を描き通した文学作品を敬愛していました。

武田が四十一歳で急死した昭和二十一年春に、織田作は武田の思い出を綴った小品「四月馬鹿」を発表しています。そこで、織田作が初めて東京麹町の武田家を訪ねたのは昭和十五年五月で、その時武田が織田作に向かって、「いつ大阪から来たの? 藤沢元気……? 大阪はどう?」などと尋ねたと記しています。

ここで挙げられている「藤沢」とは藤沢桓夫のことで、藤沢は「松の内」という正月を振り返ったエッセイで、「私や今は亡き武田麟太郎が学生時代に好きでよく聞きに通った初代桂春団治がときどき高座で演じた新年の落語で、これも縁起かつぎをからかう話」などにより、「武田や私を文字通り抱腹絶倒させた」と、武田と聞いた春団治の思い出を繰り返し述べています。

この藤沢の証言により、大阪生まれの作家の武田と藤沢、さらに織田作の三人には初代春団治の熱烈なファンという共通項をもって友情のトライアングルが形作られていたことが想像されます。

武田は三高を卒業し、東京帝大に入学した大正十五年以降東京暮らしを続けましたが、結婚した昭和七年に半年ほど故郷大阪に滞在したこともありました。そして東京に戻ってしばらく経った昭和九年四月に、「大阪をおもふ」と題した長文のエッセイを東京日日新聞に連載し、春団治のことにも触れていました。

「私は天才ともいひたい桂春団治を以て大阪落語を代表するもの、その精粋であるとしてゐるが、寄席で聞くかれのはなしは完成された力を以て私たちを一つの世界へ連れて行き浮世についての物語りをまざまざと見せてくれる」

藤沢と同様、武田もここで春団治を天才と称していますが、これが書かれたちょうど半年後に春団治は没しました。

武田は東京にいても寄席通いを続けていて、「市内の席のうち、客種が雑多で、落語家は最もやりにくいとこぼしてゐるところ」の寄席へ入ろうとすると、立ち見の盛況で「寄席復活の相に感服した」と語っています(「小さい旅と寄席」初出未詳)。

一方で、「市内の席が寄席復興とやらで洋服を著たお客で溢れかへり、身動きも出来ず火鉢も置けぬ悦ばしい状態を現出してゐるのに、ここだけはそんな景気にならなかつたから不思議である」

と、浅草の寄席「金車亭が経営不振の果てに、浪花節に城を明け渡した」ことを嘆く文も残しています。それに続け、「落語を滅びると認識することが落語を愛することなのだ、また反対に、落語を愛するとはその滅びることをはつきり考へることなのだ」と、独特の言い回しの落語観も披瀝していました(「落語家たち」昭和十一年十二月、東京日日新聞)。

その観点から、昭和十三年三月短編小説「氷雨」が武田によって書かれました。かつて「講釈や落語からさえも滋養分を吸い取って」「浪曲界の天才」といわれた男が老いて盲目となり、落ちぶれて仕事を探しているうちに、弟子と行き会います。売れっ子浪曲師となった弟子は師匠の面倒を見ようと駆け寄るものの、男は氷雨の中を逃げ惑うというストーリー。落語、浪曲といった大衆芸能に対しての武田らしい美学に裏付けられた佳品でした。

(39) 鍋井克之

大阪市出身の洋画家、鍋井克之(一八八八〜一九六九)は、戦後の関西画壇を長らくけん引した存在でした。

鍋井作品といえば、JR天王寺駅コンコースの大きな壁画「熊野詣絵巻」が有名で、南紀州に向かう特急列車の発着場でもある駅構内にかかるこの作品は乗降客に否が応でも南国への旅情をかきたてるものがあります。

鍋井の作品には他に、「春の浜辺」「立岩の海岸」など南紀の海岸が描かれたものがいくつか見られますが、随筆集『閑中忙人』（一九五三年九月）で鍋井は南国の魅力を語っていました。

「南紀白浜のT桟橋から、湾内を田辺に渡る汽船がある。この汽船の両舷からは、庭園にでも持つて帰りたいやうな、手頃な島が次々に見え、湾内背後の山々は、四季とも青々としてゐて、南国らしく、人の心を暖く明るくする」

鍋井が好んだ画題は、ここに紹介された白浜、田辺だけでなく南紀勝浦から和歌の浦までほぼ紀伊半島の紀州全域にわたっていました。

鍋井は大正時代にすでに二科展で二科賞を受賞、二科会会員になるなど二科展で活躍する一方で、郷土大阪に関わる随筆も数多く残した文筆家でもありました。そんな中で、寄席や落語家について記しているものがあります。一九六〇年の『大阪繁盛記』中の「法善寺界隈」を語っている部分がその一つです。

「西にあるのが紅梅亭、東にあるのが花月で、両方共落語を主とする寄席であった。春団治、団子、円馬、染丸、三木助、枝鶴（後の松鶴）など大阪の名手をここで聞いたもので、春団治の突飛なみなり、濃い紫の羽織に、銀板で造ったような紋所をつけたり、アッと驚くばかりで、小便など、しきりと人のいむ言葉をしゃべりまくって、お客を笑わせた」

鍋井が初代桂春団治、二代目笑福亭枝鶴（五代目松鶴）らを法善寺横丁にあった寄席で聞いていたのは、昭和の初め頃だったと思われます。この後、「初代春団治」の章もあって、鍋井は次のように述べています。「近年なくなった二代目の春団治と、その先代の春団治について話し合ったことがあった」とあるので、鍋井は二代目とは懇意であった模様で、初代の思い出が出てきます。「或日、その頃、大阪市内に住んでいた私の家の附近で、偶然に春団治に出会ったことがある。銭湯の帰りらしく、ニッケルの風呂行きの小形バケツをさげて、同じく女湯から出て来たらしい女性がつきそっていた。それから近くの市場へ立ち寄って、魚屋を二人で覗いて行った」と続けて、初代がこんな風にして次々と付き合う女性を取り替えていったことを想像しています。

鍋井は初代と二代の春団治にはこのように愛着を持っていたようですが、五代目笑福亭松鶴もファンであったことがうかがえる文があります。一九六二年八月の『大阪ぎらい物語』の一節「大阪の天王寺さん」です。「松鶴(名人春団治と共に、大阪落語を代表していた人)の『天王寺まいり』をきくと、お彼岸さんの賑わいが、さもさもありのままに伝えられる。『グヮーン』と喉を鳴らして、落語家常用の湯呑を前に置くと、『すんで回ってよる』と、それで竹ごまが、すみきって回っているような表現をするなど、まずこれで天王寺の石の鳥居をはいるなりの気分を出す話術なのである」「こんなうまい話術はないと、私は昔から感心しつづけている」。

五代目松鶴をよく聞き込んでいた鍋井ですが、この本のはじめには画家仲間の小出楢重と上京した際、須田町の寄席の柳家小さん独演会に一緒に入ったエピソードも書かれていました。画壇の重鎮であった鍋井の落語好きが、十分に伝わってくる随筆集でした。

（40）太宰治

無頼派と称され、今も多くの若者から支持されている太宰治（一九〇九〜四八）は、伝統的な語りものに非常に意識的な作家でした。

第一創作集『晩年』（一九三六年）収録の中短編における文体の実験的な試み、女生徒のモノローグで綴られる「女生徒」（一九三九年）、「申し上げます。申し上げます。旦那さま」で始まるユダの饒舌な「駈け込み訴え」（一九四〇年）など、すべて太宰の語りへの並々ならぬ関心から書き上げられた作品です。

このような太宰文学の源泉について、太宰の伴走者で同じく無頼派と目された作家檀一雄は、「枕草子」などの日本の古典を精読して血肉としていたほか、太宰には落語が大きく関わっていたと言います。

「それから円朝全集。太宰の初期から最後に至る全文学に落語の決定的な影響を見逃したら、これは批評にならないから、後日の批評家諸君はよくよく注意してほしいことである」（『小説太宰治』一九四九年）

また太宰と同時代の作家で、彼らの青春時代をよく知る青山光二には、次のような証言があります。「太宰治はオチ作家とよばれ、坂口安吾などは、『太宰の作品は、落語として後世にのこるだろ

う』と思い切ったことを云っています」(『純血無頼派の生きた時代——織田作之助・太宰治を中心に』二〇〇一年)

安吾が太宰を語ったエッセイは、太宰の死の直後に書かれた「太宰治情死考」などいくつかありますが、青山が言っているような表現は直接には見当たりません。しかし、「不良少年とキリスト」で安吾がM・Cという言葉を使っているのに注目されます。「太宰は、M・C、マイ・コメジアン、を自称しながら、どうしても、コメジアンになりきることが、できなかった」「然し十年前の『魚服記』(これぞ晩年の中にあり)は、すばらしいじゃないか。これぞ、M・Cの作品です」コメディアン、喜劇俳優、これが笑いを介しての青山言うところの落語に通底するものでしょうか。

一九三九年、太宰は自身の怠惰を「懶惰の歌留多」という身辺雑記風な作品にまとめました。その一節、「苦しさだの、高邁だの、純潔だの、素直だの、もうそんなこと聞きたくない。書け。落語でも、一口噺でもいい。書かないのは、例外なく怠惰である」「働かないものには、権利がない。人間失格、あたりまえのことである」。

ここに、太宰の最後の長編小説となるタイトルがひょっこり顔をのぞかせているのも見落とせません。そして落語でも一口噺でもいいから書けと自身を叱咤しているところは、戦争末期の一九四四年から四五年の初め文学者たちが沈黙を強いられた折に、『新釈諸国噺』『お伽草紙』をひたすら書き継いでいった後の太宰の姿をほうふつとさせます。確かにこの二編は、太宰にとっての落語であり、一口噺であったとも見て取れますから。

さてその『人間失格』ですが、ここにも子供の時分に親しんだものの一つとして落語が挙げられていました。

「自分は毎月、新刊の少年雑誌を十冊以上も、とっていて、またその他にも、さまざまの本を東京から取り寄せて黙って読んでいましたので、メチャラクチャラ博士だの、また、ナンジャモンジャ博士などとは、たいへんな馴染で、また、怪談、講談、落語、江戸小咄などの類にも、かなり通じていましたから、剽軽な事をまじめな顔して言って、家の者たちを笑わせるのには事を欠きませんでした」。その結果、子供の頃は「道化たお変人として、次第に完成され」「何でもいいから、笑わせ」る存在になり、綴り方にも滑稽噺ばかり書いて、先生に読ませていました。成人して付き合った女からは滑稽家と言われ、酒に溺れ始め、しまいにジアールという薬に手を出し、病院に入れられる始末でした。

『晩年』中に「道化の華」という一編もありますが、太宰文学を貫くものには道化、滑稽家として読者に懸命に笑いを提供しようとする一面があって、それが安吾のいうM・Cであり、檀をして「落語の決定的な影響」と言わしめたものと思われます。

(41) 坂口安吾

敗戦の翌年、評論「堕落論」と小説「白痴」を発表して一躍脚光を浴びた坂口安吾(一九〇六～一九五五)は、実は「暗い青春」(昭和二十二年、エッセイ)を送っていました。

それは青年期だけではなく少年時もそうで、県立新潟中学に入学した折はほとんど授業に出なくなり、落第したのち放校処分を受けました。十七歳で東京の私立豊山中学校三年に編入、ここでも荒れた学校生活を送っています。

しかし中学生の安吾は、東京において寄席とそこで演じられる落語に唯一心を癒すものを見つけました。上京して間もない大正十二年一月十四日付、新潟市の旧友三堀謙二氏宛に安吾は手紙を認めています。

「私は、毎日々々面白くない月日を送ってゐます。学校もつまりません。それでも毎日、中食後に護国寺の奥へ煙草をすひに行くのが楽みです。岡田雄司も来てゐません。貴兄も早く東京へ来て下さい。土曜日に浅草へ落語を聞きに行きました」「三堀兄　いづれ東京に御出でになつたら寄席でも聞きに行きませう」(「安吾雑報」第七号、一九八九年十月新潟市「安吾の会」発行)

後に安吾は東洋大学印度哲学科に入って仏教を学び、そのかたわらアテネ・フランセに通ってフランス語も勉強しました。モリエール、ヴォルテールなどを読み、ジャン・コクトーの影響も受けてファルス(笑劇)を知ります。そして、その理論と分析の書ともいうべき「ピエロ伝道者」を昭和六年に、また「FARCE に就て」を昭和七年にそれぞれ書き、かつて寄席通いしたことがこれらの評論に生かされることになります。

「日本では、本質的なファースとして、古来存在していたものは、寄席だけのようである。勝れた心構えの人によって用いられたなら、落語も立派な芸術になる筈である」（「ピエロ伝道者」）

「ファルスというものは、荒唐無稽をその本来の面目とする」「例えば、オスカア・ワイルドに『カンタビイルの幽霊』というものがあるが、日本の落語に之と全く同一の行き方をしたものがあって－題は忘れてしまったが、（隠居がお化けをコキ使う話）、私には、その落語の方が、はるかに羽目を外れて警抜であったために、ケタ違いの深い感銘を受けたことを覚えている」（「FARCEに就て」）

お化けがこき使われる噺は落語「化物使い」ですが、安吾は西洋のファルスを知ることによってかつて親しんだ落語のおかしさ、おもしろさを思い起こし、寄席の存在の大きさに気が付いたようでした。

そもそも「ピエロ伝道者」の冒頭は、「空にある星を一つ欲しいと思いませんか？　思わない？そんなら、君と話をしない。屋根の上で、竹竿を振り廻す男がいる。みんなゲラゲラ笑ってそれを眺めている」です。落語通ならすぐ感づくはずですが、この文は、与太郎が登場する演目のマクラでよく振られる小噺「三人馬鹿」をアレンジしたものです。とともに、「諸君は、東京市某町某番地なる風博士の邸宅を御存じであろう乎？　御存じない。それは大変残念である」で始まる小説「風博士」の冒頭も、想起されます。「ピエロ伝道者」とほぼ同時期に書かれて、新進作家安吾の名声を一挙に高めた「風博士」には、発想の根底に落語があったことは疑いえません。

晩年近い昭和二十五年から二十六年にかけて安吾は、四回シリーズの「落語・教祖列伝」を書き継ぎました。

「ンナトコのアネサ、病気らか」「バカこきなれや。オラトコのアネサにとりつくことができるような病気がいたら、呼んでもらいてもんだ」(三回目「花天狗流開祖」)

このように落語本来の形態である登場人物の会話形式でほとんどが展開されるストーリーは、滑稽かつ洒脱です。しかも題材の舞台をすべて自身の故郷新潟に設定しており、地元方言をふんだんに取り入れているのも特徴的でした。落語の持つ土俗性を知り尽くして、安吾は読み物としての落語にも挑んでいたのでした。

ところで安吾が、戦前に書いたとみられる未発表小説の自筆原稿が二〇二〇年暮れに見つかり、大きな話題になりました。

原稿は四百字詰め原稿用紙の四十一枚で、二〇二一年二月この小説に「残酷な遊戯」とタイトルが付けられ、関連作品とみられる五編の短編と研究者二人による解説対談とともに『坂口安吾作品集　残酷な遊戯・花妖』の題で春陽堂から出版されました。

「残酷な遊戯」は、「美貌をうたわれた姉妹」のうちの「妹が姉をピストルで射殺した事件」を書生がその顛末を語っていくことによってストーリーが展開されるものです。原稿は途切れているため結末は不明ですが、一九四七年二月から五月にかけて東京新聞に連載された安吾の小説「花妖」と内容がよく似ていて、その原型といってよいようです。ただし書かれた時期は、使用された原稿用紙の種類などから一九三八年秋～一九四一年春と推定されています。つまり何らかの事情があってタイトルを付けずに起筆そして中断した小説を七、八年後あらたに新聞小説用に「花妖」と題し、安吾が書き直したことが考えられます。

一九三八年頃というと、安吾に関して別の興味に引かれます。この年の一月、安吾は「女占師の前にて」というエッセイ風な小説を発表していて、次のように前説しています。「これは素朴な童話のつもりで読んでいただいても乃至は趣向の足りない落語のつもりで読んでいただいてもかまいません」として本文で、芥川龍之介が女占師に手相を見せて相手に敵意を抱かせるというエピソードを紹介しています。これは江戸時代の戯作者たちの精神に通じるもので、落語の中にも今なお生きていて、「小勝や小さんや文楽や柳枝」さらに「金語楼や三亀松」にもそれが体現されていると、安吾は言い切ります。

この頃安吾は日本の古典文学をかなり読み込んでいて、後の『炉辺夜話集』に収録される「閑山」(一九三八年十二月)、「紫大納言」(一九三九年二月)など古典を題材にした作品を発表していました。あわせて落語にも関心を寄せていたことは確かで、三升家小勝、柳家小さんら当時安吾の馴染んだ落語家の名前を次々と繰り出した作品と無題の未発表小説を書いていた時期と重なっていたことは、何かしら考えさせられます。

(42) 秋田實

上方漫才の父と謳われた漫才作者・秋田實（一九〇五～七七）は、生涯に七千本を超える漫才台本を書いたとされています。

秋田が漫才の歴史や自身のことを振り返った著書（「大阪の大衆演芸」『大阪の芸能』昭和四十八年、毎日放送刊所収、『私は漫才作者』昭和五十年、文藝春秋刊）などによりますと、「漫才を中心に演芸の仕事を手伝いはじめたのは昭和の初め頃からで」、きっかけは昭和六年に作家の藤沢桓夫が紹介した大阪朝日新聞記者の同席で横山エンタツと出会ったことでした。

よく知られているように、エンタツは花菱アチャコとコンビを組み、しゃべくり漫才の代表作「早慶戦」で一世を風靡しました。この「早慶戦」に秋田も関わり、「昭和十一年に初めてエンタツさんの漫才の本を出版する時に、何日かエンタツさんの家に泊り込みで、それまでの野球ネタを一つに大きくまとめ、枝葉を切って整理した」そうです。戦後も秋田の書いた台本から、ミヤコ蝶々・南都雄二、秋田Aスケ・Bスケ、夢路いとし・喜味こいしらの漫才コンビが大きく羽ばたき、演芸界を席巻しました。

そんな秋田の演芸の原点はすでに子供の頃にあって、「母親がよく明治時代の大阪の寄席や芸人の話を、見た通り憶えている通りに話してくれた」とのことでした。旧制中学の四、五年頃からは

「自分のお小づかいで寄席や漫才小屋に行くようにな」り、「この母親は、私が演芸の仕事をするようになってからは、私の漫才や落語の先生であった」とも述べ、母親の影響を秋田は強く受けていました。

母親は漫才だけでなく、落語や仁輪加など当時の演芸全般に詳しかったようで、十代の秋田も大衆芸能全体に関心があったことが想像されます。

雑誌「大阪春秋」が二〇一八年秋号で「再考　秋田實とその笑い」と題した特集を組んでいて、中に関西大学の浦和男准教授による「『林熊王』から『秋田實』へ」という興味深い一文があります。秋田は東京帝国大学に入学してまもなく左翼運動に関わり、林熊王の名で「大学左派」「集団」などの雑誌に小説を発表、森一の名で「戦旗」にも作品を載せていました。

また「戦旗」の昭和五年二月号に「落語　家賃値下げ」、同じく五月号に「落語　頑張れメーデー」をそれぞれ永島一の名で発表、永島一の名では「少年戦旗」に童話も掲載していました。浦准教授は藤沢桓夫との関係で雑誌執筆に加わり、「『永島一』は秋田の筆名と判断してよいだろう」と考証しています。

昭和の初め、漫才中心に演芸の仕事を始める以前、秋田はさまざまなペンネームを使用していましたが、それは小説、童話また落語と秋田自身が手掛けようとしたジャンルを手探りしていた時期にも重なります。

秋田の長女で童話作家の藤田富美恵さんが父の思い出を語った『父の背中』（一九八九年、潮出版社)で、本名・林広次の秋田はペンネームをたくさん持っていたことを明かしています。「春野仲明(春のながめ)」、「夏輪篤(夏は暑し)」、「秋田實(秋の田がみのる)」、「冬賀北蔵(冬がきたぞう)」など四季を揃えたものがあって、最も著名になったのもそのうちの一つだったことが分かります。

秋田が死去した翌年の昭和五十三年に、秋田とイラストレーターの和多田勝(元・笑福亭小つる)との共著『オチの表情』(少年社)が刊行されました。

和多田はこの本の「はじめに」で、秋田は畢生の仕事として落語のオチの研究をしていて、それが未完に終わったと触れています。漫才作者・秋田の絶筆が落語の本質を極めようとしていたものだったのは、秋田の原点が漫才にこだわらずいろんな領域にわたっていたことを物語っているように思われます。

(43) 水原秋櫻子

「寄席の灯のともりあはせぬ盆の市」

水原秋櫻子(一八九二〜一九八一)が、昭和八年十二月に刊行した句集『新樹』に収めた句です。

高浜虚子門で阿波野青畝、高野素十、山口誓子とともに4Sと呼ばれた高弟、水原秋櫻子は、東京帝国大学医学部を卒業した医師でもありました。『水原秋櫻子自選自解句集』の年譜によると、血清化学を専攻、大正十三年「臨床医学を勉強するため、産婦人科教室に移った。忙しい中でも、俳句の方にも時間を使うことが多くなった」と記されています。

そんな秋櫻子は一高の寄宿寮に居た頃は、芝居や落語の方に関心が向いていました。「夕飯が済むと本郷通りへ出て行って、本郷座の立ち見をするか、若竹亭の落語をきいた。本郷座には左団次一座の出演することが多く、岡本綺堂の新作を多く上演した」「落語の方は、円喬、小さん、円右など、近代で名人と言われる芸人がそろっていたから面白かった」(「私の履歴書」昭和三十八年八月)。明治の巨匠の四代目橘家円喬、昭和初めまで活躍した三代目柳家小さん、大正末に三遊亭円朝を襲名する話まで出た逸材、初代三遊亭円右らの名人上手を直に聞いていた秋櫻子は、良き学生時代を送っていたようです。

昭和三年、昭和医学専門学校(現・昭和大学)の教授に招請されて就任、家業の病院経営を引き継ぎながらのことだけに、多忙を極めました。それが、昭和二十年四月、「空襲によって病院も住宅も焼失したので、八王子市に移」って俳句に専心、昭和二十九年の句集『帰心』で、「湯婆や忘じてとほき醫師の業」と詠みました。

昭和三十一年新居に移ったため、「八王子時代にはほとんどしなかった劇場通いも復活」、昭和三十三年「明治座新国劇『荒神山』を上演す」の前書きで、「薫風やむかし伯山の張扇」を作句しました。講談の五代目神田伯山が十八番の次郎長伝「荒神山」を基にした芝居を観ての句で、『自選自解句集』では、「私は、はじめ市村座の独演会で、伯山の次郎長伝をきいた。三時間ほどの長講であった。それが面白かったので、その後浅草の金車亭へも二、三回かよったことがある。初夏の寄席の前に、夕方水を打ってあったのが、すがすがしい感じとして思い出される」と述べています。また昭和四十四年二月の句集『殉教』に、「こほろぎや寄席の楽屋の独り酒」、昭和四十六年九月の句集『緑雲』には、「ふるき寄席閉づる噂や恵比須講」の句もありました。晩年に至っても秋櫻子には、芝居、落語、講談は学生時分に親しんだものと地続きになっていた模様です。

二〇一五年、八十四歳で鬼籍に入った九代目入船亭扇橋は、端正な芸が謳われた落語家でしたが、実は光石という俳号を持つ俳人でもありました。俳界でよく知られていたのは、昭和四十四年から永六輔、小沢昭一、桂米朝、柳家小三治ら玄人はだしの仲間を集めて「東京やなぎ句会」を主宰、宗匠を務めていたことでした。

その扇橋は中学生の頃から俳句をたしなみ、当時秋櫻子が選者の毎日新聞俳壇に五句ずつ投句、秋櫻子主宰の「馬酔木」例会にも足を運んでいました。

「あたしの名前は先生に覚えられてたみたいで、『この子は末恐ろしい人で、毎日うちへ五句ずつ投稿してくる』って紹介されちゃった。この時、賞に入ったりなんかしたんで、またまた俳句に夢中になっちゃってました」(『噺家渡世　扇橋百景』平成十九年七月)

俳人秋櫻子は、俳句少年を大成させていたばかりか、後の「東京やなぎ句会」というユニークな運座にまで影響を及ぼしていました。

(44) 川端康成

日本人として初めてノーベル文学賞を受けた川端康成(一八九九〜一九七二)は、大阪市北区の医者の家に生まれました。しかし、幼時に両親が相次いで亡くなったため大阪府三島郡に移り、茨木中学に入学するまで主に祖父と暮らしました。

今の天神橋一丁目のマンション玄関前に、川端康成生誕之地の石碑が建立されています。天満天神繁昌亭はこの川端の生家跡のマンションとは大阪天満宮本殿を挟んだ反対側境内にあるので、現在も上方落語は川端となんらかの縁があるような気がします。

川端は茨木中学を卒業した大正六年、第一高等学校に入学、寮生活に入りました。その頃からすでに浅草通いを始めていて、当時の日本館の歌劇などを愛好していました。大正六年から七年にかけての、川端の未発表日記が掲載された一九七九年五月の雑誌「波」に、六年十二月十日の項で「夜は島村君と落語に行つたり、細川君と松岡氏を訪ねたり、田中宅を伺つたり、鈴木丸山君を訪ねたり、公園劇場をみたりした」と落語を聞きに行ったことも書き付けられていました。

川端の浅草通いは、昭和四年と五年に新聞と雑誌に連載された小説「浅草紅團」に結実しますが、歌劇やレビューの劇場が主で寄席小屋については書かれていませんでした。一方で代表作となる「伊豆の踊子」や「雪国」などを発表する合間に、『掌の小説』に収録することになる短編小説を折に触れ書き継いでいました。習作を含め大正時代から書き出しているので、初期の頃から短編には強い意識を持っていたことがうかがえます。昭和二年十一月の「創作時代」に「掌篇小説に就て」という評論を載せ、フランスのコントと江戸末期の小咄しを比較し、「掌篇小説が文学の形式としてすぐれ」「落語の落ちとコントのテエマとがちがふやうに、掌篇小説はフランスのコント流に智巧的である必要はない」と述べていました。

昭和六年十月、『掌の小説』の一つ「雪隠成佛」が書かれました。これは落語「開帳の雪隠」とストーリーが同じで、換骨奪胎したものです。今ではこの落語はほとんど聞かれなくなりましたが、川端も実際に寄席で聞いていたのでしょうか。昭和五年一月、成光館書店から刊行された『落語全集』に柳家小せんによる「開帳の雪隠」の速記が掲載されているので、川端はこれを読んで参考にしていたことが考えられます。

(45) 田河水泡

爆発的な人気を博した漫画「のらくろ」の作者の田河水泡(一八九九~一九八九)は、落語作者でもありました。

「のらくろ」は、野良犬ののらくろが犬の軍隊に入り、二等兵から徐々に昇進する物語で、昭和六年、雑誌『少年倶楽部』に「のらくろ二等卒」の題で連載開始されました。それから「のらくろ一等卒」「のらくろ上等兵」などとして延々十一年書き継がれ、日本中に「のらくろ」ブームが巻き起こりました。

戦後も昭和二十七年「のらくろとハンブル」、同三十六年「のらくろ中隊長」などを雑誌連載して、ブームは続けられ、合わせて田河は、「サザエさん」の長谷川町子、「あんみつ姫」の倉金章介ら弟子の育成にも力を入れました。「のらくろ」は、すでに昭和九年にアニメーション映画で制作されていますが、昭和四十五年から四年半、また同六十二年から一年間、それぞれテレビでアニメ放映されたので、昭和の漫画界はまさに「のらくろ」、田河の時代であったといってよいほどです。

田河水泡は明治三十二年、現在の東京都墨田区に生まれ、幼時に母が病死したため江東区の伯母一家のもとで育てられました。近所には寄席がいくつもあって、永代橋に近い冨吉亭に子供たちで誘いあい、田河はよく落語を聞きに行っていました。

田河の没後一九九一年に刊行された『のらくろ一代記——田河水泡自叙伝』に思い出が語られています。

「昼席で前座がしゃべっている頃なので、客が少ないから寄席のほうでも通してくれる。おとなしく座って聞いているうちはよいが、飽きて来ると後に積んである座布団の上にのぼって、遠くから高座を高見の見物だなんてやってるうちに、座布団の山を引っくり返しちまって、『静かにしろ』と怒鳴られることもあった。番組のよいときは伯父が夜の席へもつれて行ってくれたから、有名な落語家の噺も聞いていたはずだ」

小学校を卒業後、田河は薬屋などで奉公し、陸軍一等兵として従軍、除隊してからは日本美術学校に通って抽象画の勉強をしました。田河の本名は高見澤仲太郎でしたが、絵に熱中していた頃は高見澤路直と名乗りました。しかし、抽象画はいくら描いても売れませんでした。

田河の死後『のらくろ一代記』の残されたあとを書き継いだ妻の高見澤潤子が、絵が売れなかった頃の夫の胸中を思いやっています。

「毎月きちんと収入のある仕事がほしいと思い、ふと思いついたのが落語であった。子供のときから講談落語を聞き、滑稽な話や言葉のギャグ、しゃれなどをよく知っている」「誰もまだ手をつけない新作落語を書いてみよう、と思いついたのであった」

当時、大衆雑誌を何冊か出していた講談社に持ち込むと認められ、高澤路亭という落語家のようなペンネームが付けられて、「濡れ鼠」「一夜学問」などの新作落語を次々に発表して雑誌に載せました。

このうち「濡れ鼠」は、初代柳家権太楼が「猫と金魚」と改題して演じ、大きな評判をとって権太楼の十八番になりました。権太楼の後も、「猫と金魚」は十代目桂文治、八代目橘家円蔵らの人気者によって継承され、落語ファンには田河原作とは知られずとも古典落語同様に受容されて、現在に至っています。

さて、高澤路亭の新作落語が軌道に乗ったあと、講談社の編集長に、「あなたは絵描きさんですってね。絵が描けるなら、落語のような滑稽なストーリーを漫画に描いてみませんか」と勧められ、田河は漫画の道に踏み込みました。漫画の筆名を考え、本名の高見澤をローマ字でTAKAMIZ・AWAとし、漢字の田河水・泡とあてはめて「タカミズ・アワ」と読ませようとしました。けれど誰もそうとは読んでくれず、「タガワ・スイホウ」、つまり漫画家・田河水泡が誕生したのでした。

(46) 永井龍男

芥川賞、直木賞の創設に関わった編集者で、昭和文壇の中心的に位置した永井龍男(一九〇四〜一九九〇)は、落語と寄席とに因縁ある作家生活を送りました。

永井は十六歳の折、短篇「活版屋の話」を発表します。この処女作は、活版屋の植字工が貧しさの中で年末賞与五円を給与され、その喜びから妻と四歳の息子良助を近くの寄席に連れて行く話です。正月興行の寄席は、落語家がちょうど芝居噺をやっていて、「音羽屋」「成駒屋」などとセリフで掛け声がかけられていました。

「すると、この時です。立ったまま、すいとられた様にこの落語家の口先きをじっと見詰めて居た良助が、急に前の手すりに摑まって(そこは二階席だったので)身がまえると、『活版屋!』と、力任せに言い放ったのです。子供の声はよく響きます。聴き手はどっと笑いました」

思わぬ出来事に植字工夫婦は気恥ずかしさにうつむき、「お客の笑いがおさまると私の心はただもう自らの職業を嘲ける声に満ちて居りました。その頃活版屋の職工と一口に云われたらどんな程度までにさげすまれて居た事でしたろう！」

永井の父が印刷関係の仕事をしていたとはいえ、十六歳の少年が書いたとは思えないほど植字工の心理描写が巧みな作品でした。

これは懸賞小説の二等当選作として大正九年九月「サンエス」に掲載され、選者の菊池寛が選評で絶賛しました。それを契機に、永井は菊池の知遇を得、昭和二年菊池が社長を務めていた文藝春秋社に入社、同十年に創設された芥川賞、直木賞の選考事務一切に関わり、編集者としての手腕を発揮することになります。

そのかたわら執筆活動も続けていて、戦後の昭和二十二年文筆専業の生活に入りました。デビュー以来、短篇小説の名手と謳われ、職人が登場する古い東京の下町情緒を書かせたら天下一品ともいわれました。

昭和四十二年に新聞連載された「石版東京図絵」は、印刷工場で働く職人らを通して東京の昔の人情や風物が描かれた長編小説です。この始めに、横丁や裏店筋を練り歩いて商売にしていた人たちのことが回想され、「道の端に道具類をひろげて、町家の日常品の修理をする商売もいろいろあったが、いまは落語などの中に残って、わずかに伝えられているばかりである。こうもり傘直しや、鍋釜の穴をうめる鋳かけ屋などは、わりに最近まで見かけたものだが、なくなってしまったのは、まず煙管の羅宇屋であろう」。代々の桂春団治が得意にしていた「いかけ屋」などを念頭に、この部分は書かれていたものと思われます。

この小説のもう一人の主人公は年季奉公を終えた大工で、縁談の決まりかけた妹が実家に帰った日、一家で寄席に足を運ぶシーンが描出されています。その頃の寄席は日常の暮らしの中に溶け込んでいて、庶民にとっては常に身近な存在であったことが知られるくだりでした。

昭和四十一年九月のエッセイ「わが寄席行灯」には、永井が寄席あるいは落語に親炙していた経緯が詳しく語られています。「上の兄に連れられて、小学校の五、六年頃から、私はしばしば寄席へ出かけた」「長兄に連れて行かれるだけでなく、私は自分から日曜の昼席に通うようになった」「つまり私は、寄席を題材にした幼稚な小文を書いたのがきっかけで、ほぼ文筆業者としての一生が定まったようなもので、寄席とは切っても切れない因縁がある」と、永井自らが寄席との深いつながりを表白しているのでした。

(47) 富士正晴

「戦後文学の、関西における一箇独自の小系」(小島輝正)と評された富士正晴(一九一三～一九八七)の文学的功績は、「敗走」「徴用老人列伝」など芥川賞候補に挙げられた小説群を発表しただけでなく、「三人」や「VIKING」などの同人誌を創刊して後に続く多くの作家たちを育てたことでした。フランス文学者の小島輝正も「VIKING」同人の一人であって、それらの同人誌は学者集団をも包摂する懐の深さがありました。

「三人」は、三高在学中、詩人を志した富士が奈良に居た志賀直哉を訪ねた際に紹介された先が京都在住の詩人竹内勝太郎で、その竹内の影響のもとに作られたものでした。同人は富士のほか同じ三高生の野間宏と桑原(のち竹之内)静雄で、文字通り三人だけのスタートでした。

一九六四年九月、五十歳の折に書いた短篇小説「雑談屋」で、富士は「自分の半生(人生五十年とすれば一生だ)を思ってみると、何から何まで袖すり合って因縁を結び」と記し、次のように続けます。「竹内勝太郎伝、桂春団治伝、同人雑誌「三人」伝。もう余り何かと袖すり合いたくもないのだが、まだすり合いそうな気もする」と、それまでの人生を振り返っての三つの因縁を重要視していました。

桂春団治伝は、前年の一九六三年に講談社刊『20世紀を動かした人々・第八巻・大衆芸術家の肖像』に、富士自身が落語家の代表として初代桂春団治を取り上げて書いたばかりのことでした。「雑談屋」を発表した時には、のちにこの春団治の調査に深入りして、大部の伝記を書き上げるようになるとは予想だにしなかったと思われます。一九六七年十一月河出書房新社より刊行されたその伝記『桂春団治』のあとがきで、富士は『20世紀を動かした人々』中の春団治について自身が起用された不可解さを述べています。

「その全集の顔つなぎの会が京都であり、わたしも出席して、桑原武夫氏や貝塚茂樹氏にわたしが全然といっていい程、春団治について無知なのに、わたしに書かせるのは不適当だとぶいぶい言ったが、桑原武夫氏は春団治のことはわたしが知っているから教えてあげますと押えつけ、貝塚茂樹氏はにこにこして『いや、春団治は君にかぎるんや』と合点のいかぬことを言った」

しかし引き受けたからには、「書かねば同じ本に入る他の五人が迷惑する」と思い、猛烈な調査が開始されました。「春団治をききにせっせと法善寺へ通ったという人」に取材し、当時の新聞記事を見て裏付けをとりました。また春団治のレコードを借りて聞き入り、「春団治の語り口がわたしにははなはだ快感を与えることも知った」。決定的だったのは、春団治の内弟子でかつて初代小春団治を名乗った花柳芳兵衛に出会ったことでした。彼から「春団治の最初の妻と娘が京都に住んでいるのだということを」知らされ、実際に足繁く通って話をきくことができました。

富士は最初の「桂春団治」を書いた印税でテープレコーダーを購入、その後の春団治調べにこの機器が威力を発揮しました。『桂春団治』に結実するまで、春団治の兄貴分だった二代目林家染丸とその妻トミのことを追跡した「紅梅亭界隈」を一九六四年五月に、さらに春団治の最初の妻とその周辺を描いた「東松トミの半生」を一九六六年五月と六月にそれぞれ発表しています。

富士の最後の刊行本は、死の一年半前の一九八五年十二月彌生書房刊『恋文』でした。これは、花柳芳兵衛の日記と芳兵衛がその妻早苗とやりとりした手紙に富士が解説を加えたものです。この本で富士は、「大体わたしの文筆の仕事は終了したような気がして、満足かつのんきな後半生がおくれそうだ」と後書していています。初代春団治が最も愛したという弟子を、富士も終生気にかけていたのでした。

(48) 深沢七郎

口減らしのため老人を山に捨てるという姥捨て伝説を取り扱った小説『楢山節考』の作者深沢七郎(一九一四〜一九八七)は、かつてはギタリストであり、作詞作曲活動もした音楽家でした。

信州の寒村に伝わる七十歳になると楢山まいりに行くという衝撃的な姥捨てをテーマにした『楢山節考』は、亭主を亡くした六十九歳のおりんが一人息子の辰平と楢山まいりを目前にして振る舞う様子と心の揺れを描いた佳作です。おりんらの会話は土地の方言でやりとりされますが、この小説のポイントは「楢山祭りが三度来りゃよ　栗の種から花が咲く」など楢山節の歌が作品中に繰り返し挿入されていることです。小説の最後に、「作詞作曲　深沢七郎」と記入された五連の歌と楽譜による「楢山節」が添付されています。これで分かるように、作品中の歌は伝承のように見せかけたすべて作者の創作になるものでした。

一九六九年に深沢自身が書いた略年譜によると、山梨県の旧制日川中学生の頃より好んでギターを弾き、一九三九年第一回のクラッシック・ギター・リサイタルを丸の内明治生命講堂で開きました。戦後の一九五四年、桃原青二の芸名で日劇ミュージック・ホールの正月から五月末まで、さらに秋の公演と各特別出演しました。そしてその二年後、『楢山節考』を書き上げて中央公論に応募、第一回の中央公論新人賞を受賞しました。つまり深沢にとってはギタリストとしての活動が先で、小説の執筆は音楽活動の延長上にありました。

中央公論新人賞を受けた翌年の一九五七年頃、深沢は業界誌に、「落語のようなオチもないし、コントより違うものを書きたいと、『ポルカ』という名で、小さな軽いものをとりまぜ」た連作集を連載しました。「落語風ポルカ」「講談風ポルカ」「浪曲風ポルカ」など演芸ジャンルが強く意識された十五のポルカの連作で、落語風は、「エー、只今はこんなことはございませんが」と、落語家口調の文体で開始されています。

その後、一九七〇年の雑誌に「お笑い強要寄席」と題して、「エー、軽いところでお伺いイタシマス」と始まり、芸人がお客に拍手を強要する風潮にくぎを刺すエッセイも発表していました。すでに『笛吹川』『甲州子守唄』など文学性の薫り高い長編小説を書いていた深沢でしたが、同じ舞台に立つタレントとしての一面も残していた作家でした。

(49) 長谷川町子

国民的漫画「サザエさん」の生みの親、長谷川町子（一九二〇〜一九九二）が生まれて百周年記念の二〇二〇年、東京世田谷区に原画などを常設展示する「長谷川町子記念館」がオープンしました。長谷川町子が姉の鞠子と設立した姉妹社版『サザエさん』（全六十八巻）も収蔵されていますが、膨大な量の作品の中で落語や寄席が元ネタになったと思われるものが見られます。

朝日新聞社の文庫版『サザエさん』十三巻に、ラジオから「エーお笑いを一席申上げます」の落語が流れ、カツオとワカメが飯台に寄りかかるようにして笑い転げるシーンがあります。波平が「つまらん落語じゃないか」とつぶやくのに対し、フネが「あしたあの人たちえんそくなのよ」と応えています。二人の子供は落語を聞いているのではなく、翌日の楽しい遠足に笑顔をみせているのでした。

同じく二十八巻に、夜カツオが隣家を訪れ、「せんたくものがほしわすれてありますよ」と知らせ、奥さんが「どうもよくきのつくぼっちゃんね」と感心します。屋根上の物干し台から奥さんがシーツなどを取り除くと「ダーン」という大きな音とともに鮮やかな花火が磯野家の縁先にはっきりと見えるようになり、波平が「たまやー」と叫びます。花火目当てのカツオの注進と判明しましたが、そこには、川開きの花火の晩にタガ屋が活躍し「たがやぁー」という掛け声で落ちの付く落語「たがや」が下敷きになって描かれたと思われます。

同巻には、マスオ、サザエ夫婦がハンチング帽で羽織姿のやや年配の男性に道を尋ね、「とうふ屋がありますーちょうほどで」と教えられて、あちこちと探しますが、「ないじゃないか！」と落胆するものもありました。しまいにマスオが先の男性を「ありゃ、らくごの円とつだった、ひっかかったよ！」と気がつき、サザエも「とうふ屋一ちょうおちをつけたね！」と応じました。豆腐の一丁と距離の一丁がかけられ、円とつという架空の落語家も登場させていました。

町子が十六歳で入門した、「のらくろ」の作者・田河水泡は新作落語の作者でもあったので、『笑いの論理』など、とうとうと高説がほとばしり出」(『サザエさんうちあけ話』)たそうで、彼女は折に触れて田河から落語の話を聞かされていたことが想像されます。また『サザエさん旅あるき』には、姉が毎晩落語のカセットを聞かないと眠れないと言うシーンもあって、師匠の影響のほか姉のカセットテープを聞きこんで落語の知識を仕込んでいたことも考えられます。

(50) 手塚治虫

漫画の第一人者で「鉄腕アトム」をはじめとしたテレビアニメの開拓者でもあった手塚治虫(一九二八〜一九八九)は、医学生の頃に二代目桂春団治と交流があり、寄席のポスターを描いていました。これは、二代目春団治の長男で弟子の三代目春団治が二〇一六年一月に亡くなった際、遺品から見つかったものです。

手塚の自伝『ぼくはマンガ家』(一九六九年、毎日新聞社)に、二代目と交わった経緯が述べられています。

「うちの近所に先代の桂春団治の家があった。大阪落語の重鎮である。この師匠にたのまれて、戦争直後、戎橋小劇場という寄席のポスターを描いた。描きあげたポスターを春団治師匠の家へ届けたら、弟子らしい若い者が、真っ裸になった師匠の腰をしきりに揉んでいる。師匠は、ポスターのお礼のつもりもあってか、急にぼくの声を賞めだした。『手塚さん、ええ声をしてなはるやないか。よう通るし、スジがええ』『そうですか』弟子が、じろりとぼくを睨んだ。『噺家になっても充分使える声や、どうです、その気イならやってみなさらんか』『はあ……考えてみます』弟子が、また睨んだ」

その頃、宝塚市清荒神に住んでいた二代目は、近所づきあいしていた手塚に弟子入りを勧めていたのが驚きです。孫弟子にあたる四代目桂春団治によりますと、二代目の腰を揉んでいた若い者は三代目春団治に間違いないとのことで、何度も手塚を睨んだのは彼が自分の弟弟子になるかもという目つきだったのかもしれません。

戎橋小劇場は、一九四七年九月に開場した戎橋松竹と思われ、このこけら落とし公演に二代目は出演していて、三代目が正式に入門したのはその年の四月で、すでに桂小春と名のっていました。一方、一九四五年に大阪大学附属医学専門部に入学した手塚はこの時三回生で、春団治に「賞められて悪い気の起こるはずはなく、もともと声に自信もあったから、こっそり落語の勉強を始めた」そうです。そこで「居酒屋」「ずっこけ」を覚え、漫画家になってからも、記録用に自身演ずる

「厩火事」をテープに吹き込んだりもして落語への関心を持ち続けていました。

なお寄席のポスター原画は、「いけだ春団治まつり」を主宰する池田市のいけだ市民文化振興財団に保管されています。

(51) 向田邦子

シナリオ、エッセイ、小説にと八面六臂に活躍し、航空機事故で急逝した向田邦子(一九二九〜一九八一)には、何人かの落語家と落語を記した作品がありました。

昭和五十四年、週刊誌に連載したエッセイ「無名仮名人名簿」の「席とり」に、落語を聞きに行った話があります。その演芸場はビル上階にあるためエレベーターに乗ろうと先頭に並んだもののギュウ詰めの奥に入り込まされ、エレベーターから出たらビリでした。「中へ入ったら、すでに前座ははじまっていたが、席のないのは私一人であった。この夜は一番のひいきの噺家が久しぶりに出ていたのだが、私はあまり笑えなかった」。ひいきにしていた噺家が向田にあったということですが、それは誰だったのでしょう。興味深いところです。

昭和五十一年から翌年にかけ向田は雑誌「アンアン」に、有名無名を問わず各界の男性にインタビューする「男性鑑賞法」を二十八回にわたって連載しました。そのうちの一人に、当時二つ目の橘家二三蔵がいました。その冒頭、「落語家は棟割長屋に住んでいる。落語家は狆を飼っている。落語家は車をもたず電車で通う。落語家はひげをはやしていない。私は落語家に対して、こんなイメージを持っていた」と書き、二三蔵はこのイメージに「律儀すぎる」ほどピッタリの落語家だと感想を述べていました。このシリーズでは、人力車夫の京田健治も取り上げていました。京田は数々の職業を経験していて、四代目三遊亭金馬の内弟子になったこともあり、そのためか「この人の語り口は、そのままさわやかな〝芸〟になっていた」と、京田の美点を見つけてエールを送っていました。

ひいきの噺家といえば、昭和五十一年七月のエッセイ「檜の軍艦」で建具師であった母方の祖父について、「志ん生の落語と相撲の好きな人で、面差しもどこやら志ん生に似ていた」と語っています。「無名仮名人名簿」の「七色とんがらし」でも、「面差しが死んだ志ん生に似ていたせいか、志ん生のひいきであった。角力も好きだったが、七色とんがらしは、この二つと同じ位好きだったらしい」と、祖父の志ん生びいきに再度触れています。向田は志ん生を音源などで聞いていたようで、「志ん生の落語のマクラだったたか、「おっかなくて臭くてうまいものは」というのがある。「鬼が便所で豆を食っている」というのだ」(「無名仮名人名簿」「自信と地震」)と記していました。

向田が落語家に抱いた理想像は祖父を通した志ん生のイメージがまずあって、そこから二三蔵を書く際にも触れたような落語家を探し、彼女なりのひいきの噺家に行き着いたことが考えられます。

向田の代表的長編小説『あ・うん』は、死去前年の三月と亡くなる二か月前の昭和五十六年六月に雑誌分載され、テレビドラマでは昭和五十五年三月に「あ・うん」、五十六年五月に「続あ・うん」としてNHKで放映されました。つまりシナリオが先に作られ、のち向田自身の手により小説化されたものでした。つましいサラリーマンの水田仙吉と羽振りのいい会社社長、門倉修造とのあうんの呼吸による男の友情が描かれ、平成元年に映画化もされました。小説中の「芋俵」とタイトルされた章に、仙吉の家を門倉が訪れ、二人が縁側で碁を打つシーンがあります。二人はこののち喧嘩別れしますが、「仙吉は日がな一日縁側に腰かけ、庭を見ては三箱のゴールデン・バットを煙にしていた」と、手持無沙汰な日曜を過ごします。一方、門倉の妻の君子は仙吉の妻たみに「日曜っていうとお宅へ入りびたりだった」と言い、「この頃、たしかに門倉はうちにいるわ。でも、うちの居間やサンルームに転がってるのは、門倉の脱殻よ」と夫の落胆ぶりを伝えます。碁敵同士の一時的な離合とその後の和解というストーリーには、古典落語の名作「笠碁」があって、向田はこのシーンの背景にそれを思い描いていたことが考えられ、章題の「芋俵」も、落語の演目の一つから付けられたものとも思われます。

さて、人力車夫の京田健治です。彼は向田のインタビューを受けた直後の三十歳の折、三遊亭円右門に入り直し、右京という名をもらっていました。向田が急死する年の春二つ目に、さらに平成三年真打に昇進しました。その右京は、向田をこう振り返ります。「インタビュー記事の最後のところは、ぼくへの慰め、頑張りなさいよと言ってくれているんじゃないでしょうか。お陰様で好きな道に戻れたし、真打になることもできました。ただ、一度でいいからぼくの噺を聞いてほしかったな」(クロワッサン特別編集「向田邦子を旅する」平成十三年四月)。

(52) 色川武大

色川武大(一九二九〜一九八九)は、いくつかの筆名を使っていろんなジャンルの小説を書き分けました。

全集収録の自筆年譜によると、二十六歳で井上志摩夫などといったペンネームで娯楽小説、時代小説を書き、三十二歳時、本名の色川武大で応募した作品「黒い布」が中央公論新人賞を受けました。三十七歳になると、雀風子の名で週刊誌にコラム「マージャン講座」を連載。これが評判を呼び、同じ週刊誌に阿佐田哲也名義の麻雀小説の短編を次々に発表、四十歳でついに自伝的小説「麻雀放浪記」を長期連載して、流行作家阿佐田哲也の名を不動のものにしました。

しかし四十五歳の昭和四十九年、「ぽつりぽつり本名を使う仕事のことを考え」、色川武大名による小説の執筆を再開。四年後の昭和五十三年、自身の体験にフィクションを交えた小説「離婚」により直木賞受賞、純文学分野での名声も得ました。

この直木賞を受けた年、浅草の劇場で活動した芸人たちの芸と生活を細かく回想した「あちゃらかぱいッ」の連載を本名で始め、そこに自身の少年期も振り返りました。「当時、学校を常習でサボって盛り場ばかりうろついていた風船玉少年」の作者は、「他人が学校へ行って勉強していると き、俺は各種の個人芸を専門に見、遊びの裏表を見て育った。大きな能力を隅々まで理解すること は或いはできないかもしれないが、贋物にまどわされないだけの年期は入っている」と、芸を見る 確かな目を身につけた自信のほどを表わしました。

そんな目で見た落語家や寄席芸人たちの芸の思い出をやはり本名で綴ったのが、昭和六十一年に 出版された『寄席放浪記』です。そこには、八代目桂文楽について「権力機構からはずれた庶民、 特に街の底辺に下積みで暮さざるをえない下層庶民の口惜しさ、切なさが、どの演目にもみなぎっ ている」とし、個性的だった古今亭志ん生の落語に対しても「ひと口に個性といっても、彼の個性 は庶民のはずれ物に共通する広がりがある。落語は代々こうした男たちの呟きが形式化されたもの なのであろう」と、昭和の名人二人を独特の切り口で評価しました。

色川の目は功成り名遂げた名人上手ばかりでなく、剣舞や楽器を売り物にしたマイナーな色物芸 人にも及び、色川がそこで取り上げなかったらその存在さえ忘れられた人たちにも温かなまなざし を向けました。この本のはしがきで、色川はこんなことも述べています。「子供のときの夢は、寄 席の席亭になることだった。自分で割り(番組)を造って、お客に見せる、そういうことに憧れてて ね、席亭ってのは自分は何もやらないから、怠け者にもできると思ってた」。

直木賞受賞の「離婚」の発表とほぼ同時に、『麻雀放浪記』の続編となるピカレスクロマン「ド サ健ばくち地獄」の長期連載が、阿佐田哲也の名で開始されました。一匹狼のドサ健を中心に一癖も二癖もある客が地下賭場に集まり、麻雀、チンチロリン、手ホンビキなどのばくちを繰り広げる話で、客それぞれが身を持ち崩し、行方知らずとなる結末です。そうした客の一人に二つ目の落語家、三遊亭花輔がいて、かれは借金の担保に商売物の羽織と高座着まで差し出し、寄席を休まざるをえなくなり、しまいにヒロポンを打ち、協会を脱会、典型的な破滅芸人として描かれていました。花輔はもちろん架空の人物ですが、作者にとっては若い頃出入りした寄席の若手落語家の誰かに近しいイメージを抱いていたことは想像できます。

一方「離婚」は、発表された年に「四人」「妻の嫁入り」と同一登場人物による短編がシリーズのように書き継がれました。これら三編はいずれも、です、ます調の文体で統一され、一貫して会話が多用されています。さらに三作目「妻の嫁入り」の最終において「その間の経緯は似たような語り口になるので記しません」と、図らずも作中で「語り口」という言葉を使用しています。この三作とも、つまり作者は一人称の語りを続けていたことを明かしているのであって、それは落語家のしゃべり、あるいは語りの手法を小説に取り入れた結果にほかならないからでした。

(53) 池波正太郎

今なお根強い人気を誇る時代劇ドラマの原作者、池波正太郎(一九二三〜一九九〇)の代表作は、

『鬼平犯科帳』『剣客商売』『仕掛人・藤枝梅安』の三大シリーズです。これらの作品は、テレビドラマのほか映画化、舞台化もされ、主人公役はその時々のスターたちがそれぞれに務めてきました。

このうち『剣客商売』の主人公・秋山小兵衛には、モデルがありました。歌舞伎役者の二代目中村又五郎がそれで、池波自身が中村又五郎に聞き書きした評伝『又五郎の春秋』にいきさつが記されています。

それによると、この評伝の書かれる「二十年ほど前の、京都の寺町にある古書店において」のことでした。「黒いソフトをかぶり、これもダークなコートをきっちりと着て、古書を漁っている又五郎の風貌は、京大の歴史か国文学の教授のような趣があった」そうで、「一種いうにいわれぬ風格が醸し出されてい、私は書棚の蔭から又五郎を密かに観察し」ていました。後に、父子の剣客が活躍する『剣客商売』の父の風貌を決めるとき、最初に脳裡に浮かんだのがあの京都の古書店で「はじめて見た中村又五郎の姿」でした。

初めて見る他人の何気ない姿に役作りを教えられるというのは、歌舞伎を題材にした古典落語「中村仲蔵」にあります。「忠臣蔵」五段目の定九郎役をふられた仲蔵は、何か工夫はないものかと願掛けした帰途、雨宿りしたそば屋で偶然に入ってきた浪人者の風貌に目を留めます。黒羽二重の紋付に五分の月代、大小を落とし差しに尻はしょり、破れた蛇の目傘の半開き。「これだッ」と直感した仲蔵がその風貌をそのまま舞台に移して大きな評判を取ったのはお馴染みのストーリーです。

中村又五郎をモデルにしたのは、この「中村仲蔵」がヒントになっていたからと思われてなりません。同じ『又五郎の春秋』の中で、終戦直後、日本の伝統芸術が滅び去る懸念と立ち直りの希望を回想した箇所があります。池波は落語についても語っていました。

「いまは亡き桂文楽の、戦後はじめての独演会が人形町の〈末広〉でおこなわれ、スケに出て、水を得た魚のように溌剌たる芸を見せた柳家三亀松や、大好きな文楽の〈王子の幇間〉や〈明烏〉や、至芸を惜しむところなく発揮した〈心眼〉のすばらしさは、いまも忘れない」

池波が桂文楽ファンだったのは少年時からのことで、浅草に住んでいた小学五年生の頃、上野の鈴本演芸場によく出かけました。

「その夜も、文楽が出て来ると、私は夢中で手を叩き、『よかちょろ演って』と、注文をした。すると文楽は、(おや?)というように、私を見下ろして、『坊や。そんなことをいっちゃいけません。そんな、あなた、ませたことをいうと、お母さんに叱られますよ』あきれたように、いった。申すまでもなく、落語の『よかちょろ』は、商家の若旦那が吉原の花魁に夢中になるはなしである。客が、どっと笑う。『よかちょろ演って』と、また、私が叫ぶ」(『小説の散歩みち』朝日文庫)

結局、文楽が折れて、池波少年のリクエストに応えて廓噺を演じました。

滑稽噺から人情噺に廓噺まで、池波は小学生のときより寄席でよく聞き込んでいたことがわかります。好きな落語家は文楽だけではなくて、古今亭志ん生もそうだったようです。「株屋にいた頃は、あなたのお父さんの噺を聞きに寄席にも行きましたがね、あのころの志ん生さんはまだ若くて、戦後の芸とは違って、ものすごい迫力と熱気があった」(古今亭志ん朝との対談「〝普通の人〟の感覚でないといい仕事はできない……」『週刊読売』一九七九年五月六日)と、ドラマ「鬼平犯科帳」「剣客商売」の両方に出演した志ん朝に、父志ん生の思い出を語っていました。

(54) 司馬遼太郎

幅広い読者層に支持されて「国民的作家」と称された司馬遼太郎(一九二三〜一九九六)の代表作の一つに、一九七一年から四半世紀にわたって週刊誌連載された『街道をゆく』があります。そのシリーズで一九九〇年から翌年にかけて書かれた「本所深川散歩」は、さながら江戸落語の舞台を登場人物の気分に浸りながらさまよい歩く作者の姿がみてとれます。

「私は子供のころから落語好きで、むろん江戸・上方をえらばない。このたび、本所深川へゆくにあたって、あらかじめ『口演速記・明治大正落語集成』(講談社)と『円朝全集』(大正十五年、春陽堂)のあちこちを読んでから、心の仕度をととのえた」

そこで選ばれたネタは「文七元結」で、主人公の本所に住む左官の長兵衛を江戸っ子の典型と論じ、また江戸時代の本所深川あたりの町内ごとに大山講があった例として、「大山詣り」に言及しています。この「大山詣り」に百万遍の念仏が出てきますが、この念仏を土地の故老が今もとなえたのを見て、司馬は「室町時代より前の宗教的奇俗が、本所深川でいまも生きているというのは、たいしたものといわねばならない」と賛嘆しています。

なぜこのように落語を通して考察するかというと、「本所深川といっても、ひとびとのにおいは落語で味わうか、まちの情趣は芝居の書割なんぞで想像するしかない」いからで、江戸の町方の制度、たとえば「『頭《かしら》』という存在については、情趣で感じたほうがいい。それには、古典落語がいちばんいい」からでした。

この本所には三遊亭円朝が明治九年から十年間住み、歌舞伎狂言作者の河竹黙阿弥も円朝が去った後、移住してきました。司馬の調査はさらに行き届き、古今亭志ん生も関東大震災後に本所業平町に越してきたといい、志ん生については、司馬はここで独特の志ん生論を展開しました。

「滑稽噺だけではなく、円朝以来の人情噺がうまく、そのくせ噺を押しつけるようなくどさはなかった。主題という鬼を組み敷きながらも縛ろうとはせず、縛るべき荒縄を口にくわえたまま一見八方やぶれでいて、自然に主題を鎮めてゆくというふうだった。生得としか言いようがない。生得といえば、声にごくかすかな悲しみというか、あわれがあった」

志ん生の至芸をここまで論理的に突き詰めて説き明かした例は、他にみあたりません。ほぼ同じ時期の一九九二年十月の『別冊文藝春秋』に司馬は、アルフォンス・デーケン上智大学教授との特別対談「ユーモアで始めれば」で次のように語っています。

「私は志ん生と桂米朝——桂米朝は大阪弁の落語家ですが——のファンで、二人の落語はテープで何十回聴いたかわかりません」

このように志ん生と米朝のファンであると公言していた司馬は、その米朝と一九九一年一月四日、十一日の『週刊朝日』の「落語から見た上方と江戸」で対談していました。そこでは「上方落語は、大正時代に活躍した名人の春団治が、伝統を潰したというか、あるいは持ち上げたというか、ともかくおもしろすぎた、というふうにいわれていますね」と司馬が発言したのに対し、米朝は「もちろんちゃんと普通の話もやったんですが、それで新しい独創のギャグをどんどん入れますから、話は崩れますわね。それで、みんなから邪道や、上方落語を潰してしもたといわれたんです。そのかわり、いま聴いてもうまい人や、単なる「爆笑王」やないと思いますわ」と答えています。二人とも、初代桂春団治が型破りの名人上手であったという認識では一致していました。

実はこの初代春団治と米朝との芸の上の比較論を、一九八四年十一月刊行の『米朝ばなし上方落語地図』(講談社文庫)の解説「米朝さんを得た幸福」で、すでに司馬は発表していました。

「米朝さんの功績は古いはなしを発掘させたという学問的なことだけではない。この人の天分は、はなしの中の死者たちに息吹きを入れて、現実の私ども生者以上にいきいきとした人間にしたてあげたのである。しかもその天分は、明治・大正の春団治のそれではない。春団治は、いわば私小説の稀世の名手のようなもので、自分という素材を芸術化したといえる」

自分を素材にして前面に出した春団治と、自身を曝すことなく登場人物に溶け込ませた米朝という司馬の解説は、彼の数ある歴史小説群のヒーローたちを読み解く上でも傾聴に値するものです。

(55) 開高健

大阪市で生まれた開高健（一九三〇〜一九八九）の文学碑が、大阪市東住吉区の近鉄北田辺駅前に建立されています。碑文には、「昭和十三年に一家は北田辺へ引越すことになるが、当時はこのあたりは大阪市の南の郊外であった」など、開高の自伝小説『耳の物語　破れた繭』の一節が引かれています。

サントリー入社後の東京で、文芸雑誌に短編小説「パニック」を発表。百二十年ぶりに野ネズミがネズミ算的に繁殖して人家を襲うという、現今のパンデミックを連想させる処女作で、開高は一躍注目されました。翌昭和三十三年、「裸の王様」で芥川賞を受けましたが、エッセイ「地図を持たない旅」によると、開高はこのあとマスコミに攻めたてられて「一年ほど一字も書けなく」なりました。

「ラブレ、スウィフト、関西落語、西鶴など、手にふれたものことごとく足がかりにして沼からやっと顎をあげて」書いた長編小説が、破壊された大阪陸軍造兵廠を舞台にした『日本三文オペラ』でした。アパッチ族といわれた無法集団がどさくさに紛れてそこのスクラップを略奪する話ですが、上方落語の「代書屋」「商売根問」でなじみの、川で鉄屑を探す〝がたろ〟を出したり、入手したブツの処分先を府庁に相談する件は、まさに「ぜんざい公社」を地でいくものでした。

次に書かれた長編小説『ロビンソンの末裔』は敗戦後の北海道に開拓農民が集団移住して苦労に苦労を重ねる話で、ここでは「今朝は風がきつくて小石がパラパラ障子から入ってきたというのを落語でサゲるじゃありませんか。コンチョウライ、フーソクゲキジン、ショウセキ、ランニュウす……」と、「延陽伯」のセリフがそのまま取り入れられている会話がありました。

開高といえば、『輝ける闇』『夏の闇』のモチーフとなったベトナム戦争、『オーパ！』シリーズの世界的な釣り紀行などがよく知られています。しかし、東西の落語を比較した知見が、『耳の物語』の第二集『夜の陽炎』にさりげなく披瀝されていました。

「ちょうど散歩にいいぐらいの距離のところに水天宮があり、その近くに寄席の『末広』があるので、ときどきウィスキーのポケット瓶をズボンの尻ポケットにねじこんで出かけた」「青弟子の三文芸を聞いているうちに、上方落語のネタが江戸落語になると、ユーモアがウィットに変り、開いた笑いが閉じた笑いになり、全身の笑いが頭の笑いになるというようなことが読みとれたし、聞きとれた」

昭和四十五年に閉場した人形町末広に、開高はよく通っていたのでした。

(56) 吉行淳之介

戦後まもなくに「第三の新人」として文壇デビューした吉行淳之介（一九二四〜一九九四）は、性の問題を突き詰めた問題作をいくつも発表しました。

娼婦に引かれながら大学教授の娘の心をもてあそぶ男の「原色の街」（昭和二十七年）、素人風な娼婦が馴染みの男に操をささげる「驟雨」（昭和二十九年）、心の傷をいやしに娼婦のもとに通う男の「娼婦の部屋」（昭和三十三年）など、この頃の吉行は、遊廓に足を踏み入れつつサラリーマン生活を送る男たちを一貫して書いていました。

この時の「驟雨」によって吉行は芥川賞を受けましたが、左肺に空洞が見つかったため前年に出版社を退職、千葉県佐原で三か月療養の後に東京の清瀬病院に転院していて、受賞式には出席できませんでした。

入院時の体験が元になった短編小説「漂う部屋」（昭和三十年）に、こんな一節があります。

「私はこの部屋で迎えた初めての夜を忘れることができない。私は仰臥して天井を見詰めていた」「不意に、隣のベッドから忍び笑いの声が洩れてきた」「また笑い声、今度は少し大きな笑い声だ。隣のベッドからばかりではない、暗い病室のあちこちから笑い声が起りはじめた」

大部分の同室者が皆レシーバーをあててラジオの落語番組を聞いていたからで、「間もなく私も片耳レシーバーを購って、「部屋のラジオ」の聴取者の仲間入りをし」、同室者がどう聴き取っているのか、聞き耳をたてました。

「古典落語と新作落語にたいしての反応の具合とか、いわゆるクスグリに類する笑わせ方にたいする反応とか、私にとってこの小規模の実験はなかなか面白いものだった」というのですから、消灯後、入院患者が一斉にラジオの落語に耳を傾ける大部屋の様子は狭い空間でのまさに落語会の様相を呈しているようでした。

昭和四十八年から四十九年にかけて吉行は、「すすめすすめ勝手にすすめ」と題した軽妙なエッセイを新聞連載しました(後に『贋食物誌』と改題され単行本化)。そこでは、「私は東京育ちで、子供のころからよく寄席に連れて行かれた。ずいぶん以前になくなったが、神楽坂の上に寄席があった」などと、寄席の思い出を語っています。

そこでは、週刊誌対談した三遊亭円生、柳家三亀松といった名人上手についても記されていますが、実際に聞いた落語家を述べた箇所もありました。「子供のときの記憶なのだが、ふしぎなものでそのときの人の名まで覚えていて、これが柳亭左楽である。その道に精しい人にたずねてみると、芸はたいしたことはないが当時の落語界のボス的存在だったという。私が一番好きだったのは、志ん生である。破格というかアブストラクト風といおうか、そのくせ噺のつづいてゆく糸は切れないところがまことによかった」として、志ん生演ずる「寝床」の「その間の良さに、爆笑しながら感服した。」と言っています。

このように、吉行には落語をよく聞き込んでいた一面がありました。昭和五十五年映画化されて「夕暮れ族」という流行語まで生んだ長編小説『夕暮れまで』は、中年男と愛人の若い女が性行為をしているのかいないのか、謎のままに終わっています。

第一章に「男は、傍の女の気配を窺っている。『そのときの顔って、こんな具合だったでしょう』と、女が言って、掌を離す」というくだりがあって、男は有名な怪談を想起します。ラフカディオ・ハーンが著した『怪談』の一つ、「のっぺらぼう」のことでした。

実は、これと同じ内容の噺が落語にもあって、「こんな顔」とタイトルされています。東京では今も流通しているネタのようで、吉行もずっと昔に実際に寄席で聞いていた可能性が捨てきれません。

(57) 山口瞳

高度経済成長期前後の典型的なサラリーマン、つまりエブリマンの日常生活を描いた小説『江分利満氏の優雅な生活』で、山口瞳(一九二六〜一九九五)は昭和三十八年直木賞を受け、実質的な作家活動に入りました。

小説の主人公江分利満は大正十五年生まれ、東西電機の宣伝部員という設定で、これはかつてサントリー宣伝部のコピーライターだった山口自身とほぼ等身大でした。その江分利は小学五年の息子庄助が初めて徒競走で二等になったのを喜び、妻の「夏子に日本酒の二合瓶を買いにやらせて燗をつけた。三遊亭円生さんみたいに『テッ、しかし、ま、ナンダナ、ありがてえやナ』と言ってヒタイをポンと叩きたいような気持だった」とさせています。

小説の後半、大阪資本である東西電機の社員のうち三分の二が関西人ということで江分利が東西の笑いの文化を比較するくだりがあります。

「松竹新喜劇の面白さは、生活感情(特に貧しい日本人の)をよく把えているところにある。そしてサービス精神の旺盛なことだ」とし、「三遊亭円生さんは『大阪はニガテです』という。『くどく演らないと受けません。しつこくやらないと笑ってくれません』という」と、ここでも円生を例に挙げていました。

江分利満こと山口瞳はよほど円生が好きで、円生の落語を常日頃聞いていたことが想像されます。後に「夕刊フジ」で連載されたエッセイ『酒呑みの自己弁護』中で、山口本人がテレビに出たがらない理由を、こんなふうに述べていました。

「私は三遊亭円生さんのファンであるが、円生さんに接近したいとは思わない。なにもかもわかってしまっては、つまらなくなると思うからである。私の小説の少数のファンにとっても同様なことが言えると思う。また、私自身にとっても、テレビで度々見かけるので嫌いになってしまった文化人がいる」

テレビ出演すると素顔が知られるからとして、自身が円生ファンであることを引き合いにさりげなく本音をのぞかせていました。

円生に傾倒しながら近づかなかった山口でしたが、その彼が古今亭志ん生には接近していたことは繰り返し語っていて、同じ『酒呑みの自己弁護』中、「異常な激しさでもって、志ん生さんの大津絵を聞きたいと思った」山口は、友人二十人に働きかけ一人会費五千円にして十万円の謝礼でウナギ屋の座敷に志ん生を呼びました。「私たちは緊張していた。それが志ん生さんに伝わって、はじめはやりにくそうだった。終ってから、楽屋になった隣の部屋で私は志ん生さんと飲んだ」。

この部分、山口がライフワークにしていた「週刊新潮」連載の「男性自身」では、志ん生死去直後、次のようになっていました。

「私が皆と酒を飲んでいると、控室になっている別室で、志ん生さんが私に会いたがっているという伝言があった。何事かと思って行ってみると、いま歌った『大津絵』は、あまりうまく歌えなかったので、私の前でもう一度歌うと言われるのである。私は、志ん生さんと相対で坐り、もう一度緊張することとなった」

サシで向き合い、もう声が出なくなっていた志ん生から、山口は「芸人の執念」「恨み」「怒り」「もどかしさ」「魂」「律儀」を感じ取り、「頭を垂れているばかり」でした。

「男性自身」は、直木賞受賞年から亡くなる平成七年まで実に一六一四回にわたって書き続けられたコラムでした。一方で山口には、昭和四十年一月から四十四年六月まで月刊誌「オール読物」に毎回読み切りで三十五回連載した短編小説集『世相講談』がありました。この中の「人生星取鏡」の冒頭は、「エー御所望に依りまして、本日より弁じまするは、昨年既に毎回読切にて緩々伺いました『世相講談』の後編にございます」などとあるように、語り口自体が講談であり、ストーリーは古典落語のパロディ調になっているものが散見されました。
円生、志ん生に親炙した山口は、落語の多くのネタにもまた通じていたのでした。

(58) 塚本邦雄

私事ですが、一九九〇年から九一年にかけて肺を患った私は、大阪堺市にある国立病院に長期入院しました。病状が快復した頃、一人の著名な歌人が同病院に入院されたという噂を聞きました。たまたま主治医が一緒だった縁で、病院内でその歌人を紹介され、塚本邦雄(一九二〇〜二〇〇五)をその時初めて間近に見ることが出来ました。和歌山で地域寄席を主宰していた私のことを病院内で耳にされていたとみえ、塚本は初対面の私に、自身の著書中にこんな記事があると教えてくれました。

それは詩や散文の一節を引用紹介したエッセイ集『けさひらく言葉その二』(昭和五十七年六月)中の、「自在は黄檗山錦明竹、筒胴の花活には遠州宗甫の銘がございます。『錦明竹』」でした。詞華集と思われたものに落語のセリフを引用していること自体意想外でしたが、「この落語、上方弁と江戸弁が両方完全に操れて初めて面白いのだが、そのせいか好演の例は、私が今日までに聴いた限りでは、皆無に近い。読んで楽しむ話の一つだろう」と続けられていて、落語に通暁している人でなければ絶対に書けない文に、驚かされました。『けさひらく言葉その二』(昭和五十七年十一月)には、今はほとんど聞かれなくなった古典落語「樟脳玉」の一節が引かれたものもあり、落語の造詣の深さは並々ならぬことが知らされました。

昭和二十六年八月刊の処女歌集『水葬物語』を三島由紀夫が高く評価、雑誌「文学界」に十首の掲載を推輓して以降、塚本邦雄は前衛短歌の第一人者として歩み続け、その全貌には、ゆまに書房版『塚本邦雄全集全十五巻・別巻一』で現在触れられます。

平成八年十月刊の第二十一歌集『風雅黙示録』には、「露の五郎兵衛」という章があり、次の四首が載せられていました。

「露の五郎兵衛がかなたの漆の木そびらに立ちて秋窮れり艶笑落語聴く會果てて夕顔のあかときのうしろすがたの女人　　われが捨てたる艶笑落語全集も呑みて集塵車が奔り去る　　桂文楽テープ『明烏』が中断　まづしき夏のヴァカンス果てつ」

露の五郎兵衛というのは、上方落語協会五代目会長の露の五郎が平成十七年に二代目五郎兵衛を襲名しましたが、塚本が発表時の五郎兵衛とは初代の、江戸時代中期に活躍した上方落語の祖といわれる方です。二代目が艶笑落語を十八番にしていることを意識してか、二首艶笑落語を歌い、江戸落語の桂文楽のテープになじんでいたことが想像される一首も入れています。古今東西の文学と歴史に通じ博覧強記の塚本は、このように落語家あるいは落語まで歌を詠む題材にしていました。

また文楽とほぼ同時代に生きた三笑亭可楽についてのエッセイもあって、「昔、可楽の『らくだ』を聴きながら、例の『それが嫌なら死人に『かんかんのう』を踊らすぞ』の威し文句の、その『かんかんのう』の旋律が知りたくてたまらぬ一時期があつた」(『断言微笑　クロスオーバー評論集』昭和五十三年八月)と、記されています。

実は塚本の文学的業績は短歌ジャンルに収まりきらず、俳句、詩、評論さらに小説にまで幅広く及んでいます。塚本自身が「瞬篇小説集」と呼ぶ短編小説集の一つ『夏至遺文』(昭和五十三年四月)の「受難」は、「お前さん、早く箒を掛ける釘を打つておくれよ。家移りして来たばかりで勝手が悪いつたらありやしない……」と女房のセリフで始まります。尻をたたかれて五寸釘を打った壁の先は、隣家の十字架に縛りつけられた青年の胸の中央。血潮が迸っていたのを見て、男はわなわなとふるえるという話。上方落語の「宿替え」が改作されたものですが、女房のセリフからいうとその江戸版「粗忽の釘」を踏まえていることは確か。そればかりか、塚本の生涯の命題であったイエス・キリストのパロディとしても読める一編でした。

私にとってはかけがえのない療養仲間の一人であった塚本邦雄は、思い返すと常に笑顔で話しかけてくれた姿しか浮かべることはできません。

(59) 田村隆一

終戦後まもなく月刊詩誌「荒地」の創設に参加した田村隆一(一九二三〜一九九八)は、戦後最大の詩人の一人といわれれました。

昭和三十一年刊行の田村の処女詩集『四千の日と夜』に収められた「十月の詩」には、終戦直後の秋、殊に十月の心象風景が印象深く記されています。一部を引用します。

「十月はわたしの帝国だ/わたしのやさしい手は失われるものを支配する/わたしのちいさな瞳は消えさるものを監視する/わたしのやわらかい耳は死にゆくものの沈黙を聴く」

のちにこの詩について田村は、「敗戦、占領、そして朝鮮戦争と、(昭和二十年代の)十月は、地も空も不安定だ。死も生も、ともどもに揺れうごいて、焦点はさだまらない。それでぼくは、固い詩型の中に、『十月』をとじこめようとしたのかもしれない」と註しています。

不安定で焦点の定まらない日々は、この時期の十月のみならず、昭和十七、十八年、田村が二十歳を迎えようとした頃も同じだったようです。昭和五十六年から七年近くにわたって雑誌連載された自伝的エッセイ『ぼくのピクニック』に、その辺の事情が回想されています。

「寄席へ行っても、映画館へ行っても軍事色一点張りだったから鼻白むばかり」「ぼくは、自分自身が兵隊にかり出される悪夢にばかりおびやかされていたから、江戸化政期の読み物をあさったり、古典落語に熱中したりして、自分をだます工夫ばかりをしていた」

そんな時に、神田錦町で七代目三笑亭可楽(昭和十九年没)の会が、また上野で八代目桂文楽(昭和四十六年没)の会が、それぞれ毎月一回ずつ開かれていることを聞きつけ、田村はそこに足を運びます。

「可楽は噺を二つ。まず前座噺からはじまるのだが、この名人の手にかかると、どんな前座噺でも、たちまち古典の名作中の名作になるのだから、不思議というほかはない。たとえば、『竜田川』を目で見、耳で聞いているうちに、化政期の吉原の夜景が、すごいリアリティとなって、ぼくの心を開くのである」

また文楽は、「後進を育てるために、かならず一人、前座をつとめさせた。なかでも、ぼくが舌を巻いたのは、『小きん』という前座で、この人が、いまの『小さん』である。むろん、文楽は十八番を、毎会、一つ一つ披露してくれた。当時の寄席ではタブーになっていた『明烏』から一八ものと呼ばれている、『うなぎの幇間』など」と、思い出を語っています。

のち落語界初の人間国宝となる五代目柳家小さん(平成十四年没)の小きん時代の一面が見て取れる一方、廓噺や艶笑噺などを自粛していた戦時中の一時期に文楽は平気でそれらを演じている様子がうかがえます。

昭和二十年一月海軍少尉の田村は、最後の休暇を過ごそうと任地先の滋賀海軍航空隊から東京・大塚の生家に向かいました。近くにある寄席の鈴本のトリが文楽だったので、田村はそのまま楽屋へ行きます。

「楽屋の入口で、文楽師匠に面会を申しこむと、都家かつ江さんがギョッとした顔で、ぼくの顔を見上げたのを、いまでも忘れられない。やがて師匠がニコニコした顔で奥から出てくると、ちょうど噺が終ったところだと仰言る。『よろしかったら、家で一献さしあげたいと存じますが、ご都合いかがでしょう』と、ぼく。『ようがす、お伺いしましょう』まさか一年ぶりで帰宅する息子が、噺家と連れだってやってくるとは、父母も夢にも思っていなかったから、都家かつ江さんみたいにギョッとした顔をした」

軍服を着た見も知らない青年の誘いを受けて酒を飲む文楽も、その芸に引かれていた田村自身も、戦争に対しそれなりの反抗を示していた一例でした。

(60) 星新一

ショートショートの第一人者で戦後SF小説を切り開いた星新一(一九二六〜一九九七)は、生涯一〇〇一編余りの作品を残し、未だに両分野における星を超える作家は現れていないように思えます。

星の数ある作品の中には、落語からヒントを得、あるいは刺激を受けて作られたものが少なくありません。昭和四十七年に文庫化された『ちぐはぐな部品』に収録されている「ネチラタ事件」は、ぞんざいな言葉、下品極まる悪口雑言がネチラタ症状として繰り広げられる話。言葉のていねいすぎる花嫁をもらう滑稽噺「たらちね」を、タイトルからして逆にしたのは明らかです。また同文庫の「名判決」は、二人の金銭をめぐるみにくい争いに大岡越前守が両人を打ち首、自身も切腹して責任をとると話すと、二人は心から反省、命乞いをするのに対し、越前守は判決を取り消し、三人とも命が助かる「三方命得」と言います。越前守を含めた三人が一両ずつ損をする、おなじみの噺「三方一両損」をパロディ化したものでした。

同じ昭和四十七年、単行本になった作品集に『おかしな先祖』があります。昭和六十年に文庫化された折、星はあとがきに記しています。

「子供のころから、私は落語をよく聞いた。当時はほとんどラジオによってであり、寄席にもたまに連れていってもらったし、作家になってからはホール落語によく出かけた」「そこで、といえるかどうか。いまになってみると、落語の存続の助けともなればという気持ちもあったようだ。厳密にいえば、落語（発生は日本）、本来のSF（発生は英仏）、ショートショート（発生はアメリカ）、面白さの焦点は必ずしも一致していない。しかし、どこか似た部分があり、結びつけられないものかと、作品にしてみた。たぶん、前例はないはずである」

星自らが落語との関わりを振り返り、SFとショートショートと落語とを結びつけようとした作品集の狙いを語っていました。しかも、前例はなく、国際的にみても初の試みであるという自負心を持って。

確かに『おかしな先祖』中の「倒れていた二人」には、浄土真宗かキリスト教か親子でもめる「宗論」の中の権助の一言が使われていました。谷間で若い男女の死体が見つかったことからその原因を探るメディアのスクープ合戦が起こり、現地で言い争いの最中に入ったさりげないセリフ、「つまらない論争はおやめなさい。宗論はどちら負けても釈迦の恥といいますよ」。同作品集の戸棚の中に逃げ込んだ男の話、「戸棚の男」には、こんなやりとりがあります。

「『このなかにネズミがいるようだな』すると『チュウ、チュウ』と鳴き声。『しかし、ネズミが出るとも思えぬ。ネコじゃないかな』すると『ニャア』と鳴き声。『いや、犬かもしれぬ』戸棚のなかから、犬のほえる声がした」

本題に入る前のマクラでよく聞かれる小噺「クイクイ」が、ここで引用されていました。

星が日本最初のSF同人誌「宇宙塵」の創刊に参画して間もない昭和三十四年八月、新人作家を集めた雑誌「宝石」の座談会で、彼はこれからの行き末について述べていました。

「日本の落語で、とんでもないオチを最後につけて終るというような、なにか超自然的な結末と出発を、頭の中にいまとり入れて、あれをあのまま移したらだめですから、あれを新しい形にして現代に合うようなものにしたらいいんじゃないかと思うのです」

作家としてのスタート時から、星にはストーリーやプロットを考える際、落語のネタが常に頭にあったことを示す談話です。そのことによって星は、量産したショートショートでもSFでも後に続く作家たちの追随を許さぬほどの高みにまでのぼりつめたのでした。

(61) 山田風太郎

兵庫県但馬地方の医家に生まれ、東京医科大学在学中に推理小説誌に懸賞入選し作家デビューした山田風太郎(一九二二〜二〇〇一)は、昭和三十三(一九五八)年に連載開始した「甲賀忍法帖」などの忍者もので一大ブームを引き起こしました。特に昭和四十年代、風太郎原作による忍者、忍法ものの映画やTVドラマが頻繁に見られたことから、彼は忍法もの作家のイメージが定着しました。しかし初期作品が江戸川乱歩に認められていたように、風太郎は探偵小説、推理小説も書き続けていて、もう一方で明治開化期に焦点をあてた伝奇小説シリーズのいわゆる明治ものを書き残していたことは見逃せません。

昭和四十八年から書き始められた「警視庁草紙」は、初代警視総監と部下の警部、巡査が江戸の心を保持する元南町奉行所の同心らと事件を通して知恵比べするというスリリングな長編小説です。その「警視庁草紙」は「明治牡丹灯籠」の章題から書き起こされていて、近代落語の祖、三遊亭円朝が事件のカギを握る人物として設定されています。円朝の隣家の若い浪人が変死し、円朝夫婦も忽然と消えたので当然円朝に疑いの目が向けられます。そこを元南町奉行所一派が警視庁側をけむに巻いて救い出し、意想外なことに警察関係の高官の集まりに円朝本人が現れて一席語り出します。「ただ、ほんとうの話だけに、話すあたしも怖ろしゅうございます。その怖ろしさが、お上の荒武者さまがたにどこまで通じまするか、通じますれば題は未定のお帰りと申しあげたいが、ただいまのところは題しまして怪談牡丹灯籠」。円朝の「怪談牡丹灯籠」は明治十一年に実際に口演されますが、小説はその二年前の出来事としていますので、作者は世に名高い作のパロディをこの章で書いていたのでした。

円朝は「警視庁草紙」のこの後の章の寄席五林亭が出て来る箇所にも顔を出しますが、明治もののもう一つの代表作「幻燈辻馬車」ではさらに詳しく描かれます。元会津藩士の駁者が走らせる辻馬車に有名無名の人物を乗せて事件が巻き起こるこの小説でも、最初の章で早速に円朝は書かれます。それも弟子の橘家円太郎が師匠を乗せようと辻馬車に声をかけたのが、きっかけでした。「橘家円太郎師匠でござりましょう? 円太郎馬車でお名を売られた方に乗っていただいたのは甚だ光栄で」「実は、寄席で、円朝師匠の怪談を拝聴したことも何度かござります。どうやら師匠は、幽霊は気のせいか、それとも何ぞしかけがあるというお心持ちらしいが、それにもかかわらず、実にぞっといたしました。あれは大した芸でござりまするなあ」。

この頃円太郎は高座でラッパを吹いて人気をさらっていて、そのラッパが乗合馬車の吹くラッパと同じだったため、逆に乗合馬車のことが円太郎馬車と呼ばれていました。このように作者は円朝の弟子についても記していますが、別の章では、当時の東京曙新聞の記事として、家出中の円朝の息子、朝太郎が巾着切の一団に誘い込まれて拘引されたことも紹介しています。山田風太郎はよほど円朝に関心が深く、不世出の落語家のいろんな角度での小説化を試みていたようです。

古今東西およそ九百人の死に際を凝視した、晩年のライフワーク「人間臨終図鑑」には、円朝はもちろんのこと、古今亭志ん生、桂文楽、柳家金語楼、三遊亭歌笑といったところまで記録されています。風太郎の落語家への関心は、決して円朝一人だけに向けられていたものではなかったのでした。

(62) 半村良

SF作品に波乱万丈の時代ものの伝奇小説を結び付け、伝奇ロマンのジャンルを確立した半村良(一九三三〜二〇〇二)は、直木賞を受けた「雨やどり」など人情小説も手掛けていました。東京の柴又に生まれ、都立三中(現・両国高校)を卒業後、三十近い職業を転々としたあと、半村は広告代理店に職を得ました。かたわらSFを書きだし、昭和四十六年二月「お米平吉時穴道行」を『SFマガジン』に発表しました。

コピーライターの主人公が江戸期戯作者の山東京伝に魅せられて作品を調べ始めるという「お米平吉時穴道行」は、京伝の近くにいた平吉が書き残す古日記が発見されることでストーリーが展開します。そこに書かれていたお米が神隠しにあい謎が深まりますが、お米は二百年のタイムトンネルをくぐって京子という名の新人歌手としてコピーライターの前に現れます。時代が錯綜する伝奇ロマンの兆しがすでにみられる小説ですが、江戸落語中興の祖、烏亭焉馬の第一回咄の会が、お米も参加したといってしっかりと記されていました。

この作品は同年、同題で半村の初の単行本(短編集)として刊行されました。注目すべきはそのあとがきで、「ひとくちに十人寄れば気は十色などと申しますが、SFのほうに致しましたところで、SFファンだからSFならなんでもいいかてぇとそうではございませんで」と噺家口調で述べられ、落語「気の長短」のマクラまで引用されています。

「まあ、このたびやっとお許しが出まして、このような晴れがましい短編集……つまりは独演会でございますが、それをやらせて頂きまして、一応はこれで二ツ目と、そういう段取りになりましたようなわけでございます」

独演会、二つ目など寄席用語を一貫して使用し、初めての著書が出た喜びを表していました。

昭和六十二年から一年間雑誌連載された『小説浅草案内』は、昭和末の浅草を舞台に作者が実際に体験した近所付き合いや隣人の人情模様が細かく描写されています。第一話で浅草のマンションに引っ越す際、親友の橘家円蔵に連絡し、弟子の二つ目鷹蔵に手助けを求めるシーンがあります。第五話で、円蔵が二つ目の舛蔵時代にコピーライターの作者がラジオコントを書きまくって提供した裏話が披露されており、舛蔵から月の家円鏡を経て大名跡を襲名したこの人気落語家と半村との深い絆と友情が明かされていました。

(63) 吉村昭

記録文学と歴史文学のジャンルに一時代を築いた吉村昭(一九二七～二〇〇六)は、周到な現地取材と史実に細部までこだわるストイックな文体で知られています。

その吉村が戦時下における自身の少年、青年時代の暮らしぶりを振り返ったものに、回想記『東京の戦争』(二〇〇一)があります。その中の「ひそかな楽しみ」の章で吉村は、中学生時分、学校や親に隠れて上野の寄席「鈴本」にひそかに通ったことを述べていました。

「志ん生、円生は見たこともなく、どこか他の地に行っていたのだろうか。若い落語家が噺を終った後、両手をついて、『召集令状を頂戴いたしまして、明日出征ということになりました。拙い芸で長い間御贔屓にあずかり、心より御礼申し上げます』と、頭を深くさげた。客席の老人たちが、『体に気をつけてな』『また、ここに戻ってこいよ』と、声をかける。落語家は何度も頭をさげ、腰をかがめて高座をおりていった。その頃、母と都電に乗っていた時、髭をはやした初老の和服の男が近寄ってきた。それは、連日つづき物の『乃木大将と辻占売り』という話を高座にかけていた講談師であった。かれは私たちの前に立つと、『毎度私の講談をおききいただき、ありがとうございます』と、私に丁寧に頭をさげてはなれていった」

これで中学生のひそかな寄席通いは露顕してしまいましたが、母は叱るどころか立派な芸人さんだね、と感心しきりだったそうでした。

　中学生の吉村は志ん生を見ることはありませんでしたが、終戦を迎え、健康を回復して再び足を向けた寄席で、その「華麗な至芸」に出会います。学習院大学に入学し、文芸部機関誌の発行費捻出のため講堂で落語会を企画、「学生からの招きは初めてだということで、二千円という甚だ失礼な出演料で文楽、可楽、柳好、円生、柳橋などという一流の方々が出演してくれ、むろん志ん生さんにもお願いした」「志ん生さんをお招きした日、私と同じ文芸部員であった妻が、目白駅まで迎えに行って講堂の控室に案内したが、妻が私のもとに来て、『大分酔っておられますけど、大丈夫かしら』と、心配そうに言った」。しかし、その夜の志ん生の『宿屋の富』は素晴らしく、「私は、志ん生さんの噺を聴くことができたことを、この上なく幸せだと思っている」と語っています(『回り灯籠』「志ん生さん」二〇〇六年)。ここで吉村はさりげなく、後に同業の作家となった妻の津村節子も落語会に関わっていたことを打ち明けていました。

　ところで吉村には、『逃亡』(一九七一)、『漂流』(一九七六)、『脱出』(一九八二)、『破獄』(一九八三)など漂流、脱獄、逃亡をテーマにした一連の記録文学作品群があります。晩年に近い二〇〇〇年に発表された『島抜け』は、それらすべての要素が総合された作品に仕上げ、そのあとがきで、「遠島刑になった講釈師が、流された種子島から三人の流人とともに脱島(島抜け)し、漂流したという」「珍らしい記録があるのに注目し」て、書いたとしています。

　講釈師の名は瑞龍といい、大阪では軍談を得意として高名でした。瑞龍はある日の法善寺の席で、真田幸村の軍勢が茶臼山にあった徳川家康の本陣を急襲、家康が死の危険にさらされるという「難波戦記」の一部を読みました。「客席からの拍手はつづき、かれは楽屋で放心したように立っていた」「かれにとってこのような客の反応は初めてのことで、胸が熱くなり、涙ぐんだ。翌日は夕方早くから客がつめかけ、札止めになった」。このことが、「難波戦記」の歪曲と東照宮様の呼び捨てを理由にしての「御公儀を恐れぬ不届至極」の行為とされて、遠島刑に処されました。

吉村にとって「珍らしい記録」と着眼したのは流人がほかならぬ講釈師であったからで、それは忍んで寄席通いした折、突然母と中学生の自身の前に頭をさげてきたあの丁寧な講釈師のおもかげがちらついていたからと思われます。

(64) 井上ひさし

作家、劇作家であった井上ひさし(一九三四〜二〇一〇)は、ユーモア小説やミュージカル喜劇など文学と演劇の両道で多彩な作品群を残しました。

長期間にわたって雑誌連載され、一九八一年に単行本化された『吉里吉里人』は、東北の一寒村に吉里吉里国という独立国を出現させ、時の日本政府を批判する、ブラックユーモアあふれる代表的長編小説でした。この小説ばかりでなく、井上の書く作品のどれもが言葉遊びやエスプリがきかされていて、軽快な笑いを常に読者、観客に提供しました。

傑作戯曲をいくつものした井上だけに、当然のことながら能狂言、浄瑠璃、歌舞伎の伝統芸能に通暁していて、それは古典落語の世界にも及びました。

落語には演者が最後に落ち(上方ではサゲ)を付けて噺を締めくくるのが常道で、仕込み落ち、拍子落ち、トタン落ちなどと明治以降の落語研究者たちによって、数ある演目の落ちが分類されました。その一つに、たとえば大岡越前守が登場する「三方一両損」の「多くァ(大岡)喰われねぇ、たった一膳(越前)」のような地口落ちの形態もあります。井上は一九七四年のエッセイ「地口落ちについてのメモ」で、「地口落ちこそ最も落語的である」と地口落ちに大きな関心を示し、「ひとつの音からそれと似通った音を連想する力が、語呂合せ好き(これを気取って言語遊戯者なんて呼んでみよう)の武器である」と述べました。初期の直木賞受賞作「手鎖心中」や無名時代の人形劇「ひょっこりひょうたん島」などの作品からすでに自称言語遊戯者の井上が、地口、語呂合せを武器に小説、戯曲を発表していたことがうかがえます。

井上の落語への深い造詣は、二〇〇五年に戯曲「円生と志ん生」を書いていたことでも理解できます。昭和の名人といわれた三遊亭円生と古今亭志ん生が、戦時中関東軍の慰問のために中国大陸に渡り、終戦後現地の大連に足止めされた二年近い年月の話でした。この中で志ん生がすっかり頭の中に入れ込んだと言って、『三代目柳家小さん落語全集』を円生に差し出して言うセリフがあります。「たしかに落し噺を考え出した鹿野武左衛門てえお人はえらいよ。人情噺や怪談噺を案じ出した円朝大師匠もえらい。けど、あたしゃァね、その三代目の小さんくらいえらいはなし家はいないと、そう思っているのよ」円生「あたしも同じです。なにしろいまの落語の型をこさえあげたのは、この三代目小さんなんですからな」。

三遊亭円朝を引き合いに、三代目小さんが志ん生、円生の口を借りて高く評価されている箇所でした。一方で井上は円朝にもやはり言及しているところがあり、一九九五年の戯曲「黙阿彌オペラ」では、主人公の狂言作者河竹新七を取り巻く人物の一人として円朝の兄弟子、三遊亭円八を造形しています。その円八が、十六歳だった円朝の高座を聞いて仰天したくだりのセリフ。

「あいつの噺の中では人がいきいきと生きている。日当たり悪く生まれて微かな暮しの煙を上げている人間どもの仕草や心の動き、それからふだんの言葉づかい、そういったものがそっくり写し絵になっていた」「十六の小僧が世話場をさらに生一本に突きつめて、人生の実を写し取っていたんです。あいつの噺の中にはこのあたしさえ生きていた。初めてですよ、あんな噺は」

架空の落語家円八の目を通して、非凡な資質の円朝の高座を語らせていました。人生の写し絵、写実であることが円朝噺の本領なのだと、井上は見抜いていたのでした。しかしながらこの戯曲は河竹新七、のちの河竹黙阿彌が新作オペラ狂言を志すのがメインテーマであり、円八ら5人の男を揃わせているのは、「白浪五人男」のパロディともみられている作品です。

「円生と志ん生」にも『小さん落語全集』を聖書のパロディと見立てている部分もあって、井上作品にはどこまでも「もじり・なぞり・あてこすり」（一九八三年『にっぽん博物誌』）が付いて回っています。

(65) 丸谷才一

深い教養に裏付けられ、知的探求心あふれる小説を発表した丸谷才一(一九二五〜二〇一二)は、「落語の語り口」と評される文体を駆使した作家でした。

山形県鶴岡市に生まれ、旧制新潟高校を経て東京大学英文科に学んだ丸谷は、ジェイムズ・ジョイスを研究、國学院大学助教授を務めるなど英文学者でもありました。大学を退職した直後に書いた長編『笹まくら』(一九六六)は、丸谷の代表作の一つです。徴兵忌避した浜田が名前を替えて砂絵師に身をやつし、地方の小さな町を転々と生き延び、戦後本名に戻して大学職員の仕事を得ますが、勤め先で過去が噂にのぼり、居場所を危うくさせるというサスペンス調の小説です。

浜田と敵対するのが南方から復員した同僚の西で、浜田の噂を広げつつ一人うつうつと戦場での辛い体験をぼやく場面があります。「考えてみるてえと、兵隊というのはずいぶんいろいろ下らないことができなくちゃいけない商売だね。まず、員数をつけるための泥棒。班長の機嫌をとるための洗濯屋」などと落語家口調のモノローグが長く続きます。それもそのはずで西は、職場の女性に「艶笑落語を聞きにゆこう」と誘うほどの落語好きの一面を持っていました。

サスペンス調というと、漂泊の俳人種田山頭火の足跡を追った小説『横しぐれ』(一九七四)も挙げねばなりません。主人公「わたし」の父と恩師が昭和十四年四国松山に旅行した際、茶店で話し上手な坊さんに会い、三人で酒を酌み交わしているうちに横しぐれという言葉が出て、坊さんはこの言葉にいたく感心して姿を消します。恩師が言うには、この坊さんは「とにかく恐ろしい芸達者。ちょっと泥くさいんですがね。まあ、それは仕方がない。言ってみれば旅まわりの芸人ですもの。小さんや小勝とくらべては可哀そうでしょう」と、当時の柳家小さん、三升家小勝を引き合いに出します。この後「わたし」は坊さんが山頭火だったに違いないと思い定め、山頭火の自由律俳句を横しぐれで詮索、結果的に父が松山に旅した意外な理由にゆきあたります。

このように深く幅広い教養と知性に基づいて書かれた小説にも、落語や落語家がところどころにひょっこり顔をのぞかせているのが興味深いところです。作家の半藤一利は、丸谷のエッセイ傑作選の文庫解説で落とし所を心得た丸谷の文章について、「その面白さは、うんと誉めていうならば、磨きぬかれた落語の語り口と同じということになろう」と述べていました。

(66) 山崎豊子

戦後の日本を見つめ、鋭い切口で数々の重厚な長編小説を発表し続けた山崎豊子(一九二四〜

二〇一三)の出発は、大阪商人を描いたことでした。

大阪・船場の老舗昆布店の長女として生まれた山崎は、京都女子専門学校を卒業後、毎日新聞大阪本社学芸部に勤務。たまたま上司にいた井上靖に、「君も小説書いてみてはー、人間は自分の生いたちと家のことを書けば、誰だって一生に一度は書けるものだよ」(エッセイ「産声」昭和六十年)と言われ、昆布屋ののれんを親子二代で守る長編処女作『暖簾』(昭和三十二年)を七年がかりで書き上げました。

その『暖簾』のあとがきで、「大阪の街の中核をなすのは、古い暖簾をもつ船場の商人たちです。暖簾は大阪商人の生命であり、また庶民の旗印」と記した山崎が次に取り組んだ長編が、やはり暖簾がタイトル化された『花のれん』でした。

この小説は、船場の呉服店の二代目に嫁いだ多加が寄席通いにうつつを抜かし店を顧みない夫に対し、店を潰して道楽を本業にしようと寄席経営に乗り出してストーリーが展開します。時は明治四十四年七月、「天神橋筋をちょっと入ったとこの、ちょうど天満の天神さんの裏」の寄席を多加は買い取り、天満亭と名付けました。

夫の吉三郎も当初は経営熱心で、「軽口、手踊り、音曲などの色物に重点をおいて、落語の方が色どりというほどの出番を作った。専門家や通の多い南の法善寺の金沢亭、紅梅亭と異なり、端席の天満亭などでは、かえってこの方が人気を呼び、はじめは丁稚、手代、職人風の客で埋まっていたのが、次第に夕方から普段着の商家の家族連れを集め、思わぬ大入りとなった」。

順調に繁昌して、三年目には松島の芦辺館も買収しましたが、飽き性の吉三郎は多加に二軒の寄席を任せきりのうちに妾宅で急死。すべては多加一人の肩に押しかかってきました。発奮した多加は、それまで以上の才覚を発揮、傾きかけた一流亭の金沢亭まで手に入れ、昭和になると大阪、京都にあわせて十六軒の小屋を持つほどの女興行師となりました。それらの小屋には、「この頃の寄席の人気を引っ攫っていた桂春団治」が出入りし、借金のカタに家財道具とともに春団治の口の上へ封印紙を貼り付けられた有名な口の差押え事件についても書き込まれています。

このエピソードで分かるように、多加は吉本興業の創立者吉本せいがモデルで、天満亭は吉本発祥の地と言われる現在の天満天神繁昌亭傍にあった第二文藝館そのものでした。多加に関わる芸人たちは、春団治のほか笑福亭松鶴ら落語家のみならずエンタツ、アチャコの漫才コンビなど多彩な顔ぶれが実名で登場しています。

昭和三十三年にこの『花のれん』で直木賞を受けた翌年、山崎は週刊誌に今度は『ぼんち』の連載を始めます。前二作同様、船場の商家を舞台とし、足袋問屋の一人息子喜久治が放蕩を重ねるという話。その喜久治が出会った芸者ぽん太のセリフ、「春団治はんの後家殺しやないけど、わては、生きのええ男殺しですねん」。また喜久治が琵琶湖に遊びに行った際、幇間のつる八は、「春団治の落語を真似」て、「得々と春団治の艶噺をや」って土地の芸者を笑わせるくだりもありました。

このように間接的ながら春団治を作品中に取り入れているものの、それは船場を主とした大阪商人の生き方の背景にされているだけのことでした。『暖簾』もよく読めば、主人公が三遊亭円朝原作の「講談本を読み耽り、塩原太助に感心」するシーンがあって、落語とは無縁でなかったことも知られますが、落語と寄席の世界に触れているのは初期作品のそれら三作まで。昭和三十八年『白い巨塔』が週刊誌に連載開始されると、テーマが大阪商人からは離れて、骨太の社会派に舵が切られ、以後注目作が続々と書き継がれていったのは周知の通りです。

(67) 小松左京

一九六四年八月、日本SFシリーズの先陣を切って早川書房から刊行された小松左京(一九三一~二〇一一)の長編小説『復活の日』の第一部に、次のような一節があります。

「ほとんど毎年大小の規模でくりかえされている各種のタイプのインフルエンザに対し、これはまったく新しい型の—人類のほとんどが免疫性をもっていない新種のウイルスという事だ。『新型インフルエンザ発生す!』の新聞見出しを読んだ人々の胸には、今世紀における、二つの大流行の不安な記憶がうかんで来た」

当時まだ三十代前半の小松の書き下ろし小説に、二〇二〇年前後の日本の状況を予知するような文章があるのには驚かされます。で、二つの大流行とは、「第一次世界大戦終了の年、すなわち一九一八年に発生し、全世界を荒れまくった、いわゆる〝スペインかぜ〟、もう一つは記憶もあたらしい一九五七年から翌年へかけて、世界一周したA2型ウイルスによる〝アジアかぜ〟と、パンデミー(パンデミック)という言葉まで使われて紹介されています。

この新種ウイルスの都市部での罹患率は七〇パーセントで、患者は三千万人に達し、全国での死者は一千万を超えそうという悲惨さです。大東京も、小説の冒頭では廃墟のような描かれ方がされています。世界的に新種ウイルスが蔓延する中で、各国が派遣していた学術観測隊のいる南極基地のみがウイルスに感染せずに、約一万人の隊員が生き延びます。そしてそのうちの何人かが生存し続け、人類復活の日を目指すというエンディングです。

一九七四年『日本沈没』、一九八五年に『首都消失』と、小松は壮大なSF長編小説を発表し、いずれも日本の国に危うい一面があることに警鐘を鳴らしていましたが、長編第一作には、細菌によって危機に直面する人類全体がすでに書かれていました。しかもこの『復活の日』が出版されたのは、東京オリンピックが開催されるわずか二か月前のことで、東京オリンピック・パラリンピック2020が一年延期されたことと妙に因縁めくと思うのは私だけでしょうか。

年譜によりますと小松は、大阪市西区に生まれ、幼くして兵庫県西宮市に転居、神戸一中、旧制三高を経て京都大学文学部でイタリア文学を専攻しました。一九六九年に受験雑誌「螢雪時代」に連載された小松のエッセイ「やぶれかぶれ青春記」には、「私は、三高時代を、自分の人生で一番すばらしかった一年であると、はっきりいうことができる」と三高の学生時を振り返っています。

京都の街中に下宿して、多くの友人たちに押しかけられ、遅くまで酒を飲んで酔っぱらったことや花札をしたこと、またアルバイトに精を出したことなどが回想されています。さらに、当時京都市中にあった寄席に出会ったことにも触れられていました。

「京極の中の『富貴亭』という寄席へ行くことをおぼえると、私のバイト料はほとんど寄席の入場料に化けた。いれかえなしの三時間半、わりと大看板が来て、特に神田伯龍の、すごいばかりの色っぽさに、私は夢中になり、とうとう東京まで、普通列車で出かけて聞きにいった。三笑亭可楽、松葉家奴、声色の悠玄亭玉介、松旭斎天一、今でも元気な、そして当時はもっと元気だった、桂南天老も、たしか見たように思う」

その頃吉本興業に所属し、玄人筋に好まれていた講談の五代目神田伯龍ファンであり、若き日の桂米朝が私淑していた桂南天の高座まで見ていた小松は、寄席通の少年でした。終戦後間もない京都の定席は、入れ替えなしの長時間公演であったこともここから分かります。

「寄席にこった私は、その頃、『落語全集』全巻を読みかけていた」(『やぶれかぶれ青春記』)というのですから、実際の高座を見ていたほか活字になった落語も目にして、演目まで頭に入れていたことが想像されます。落語への造詣をこうして深めたことが、当時小松が漫画家として活動した支えにもなっていたようです。

「ひどい金欠に陥った三高時代に、一冊のストーリー漫画を描き上げ、ダメで元々と期待せずに大阪・ミナミの不二書房に持ち込んだら、現金買い取りで何と三千数百円で売れて狂喜乱舞した」(『小松左京自伝』)と、小松自身回想しています。

『やぶれかぶれ青春記』新潮文庫版の解説を担当している小松の次男の小松実盛さんによりますと、小松は京都大学進学後も漫画を描き続けていて、後の『日本沈没』とも関わるテーマの作品を発表していました。確実にＳＦ作家小松左京の萌芽がこの頃にみられるということで、落語から漫画そして文学へと京都で学生生活を送ったことが小松の大きな下地になったようです。

よく知られているように、小松は一九七〇年の大阪万博でテーマ館のサブプロデューサーを務め、自然科学の知見を遺憾なく発揮して、後世に残る一大イベントを盛り上げました。

そんな有名になる以前、作家活動を始めたばかりの二十代後半に小松は、ラジオ大阪の番組で夢路いとし・喜味こいしによるニュース漫才の台本作成に携わりました。年譜では、足かけ四年、一万二千枚の台本原稿を書いたということです。これが一九六四年十月、『復活の日』刊行二か月後に同じラジオ大阪で開始された「題名のない番組」につながります。毎週一回、桂米朝と小松それに女性アナウンサーとの三人でリスナーから寄せられたハガキをもとにフリートークする内容で、四年半にわたって小松は米朝と仕事を続けました。

一九七五年十一月、小松は「天神山縁糸苧環《てんじんやまえにしのおだまき》」という、複数の落語を題材にした短編小説を文芸雑誌に発表しました。小松自身がモデルとみられる作家、大杉が桂文都、小文の師弟競演の落語会をのぞきにいく話で、小文が「天神山」、文都が「立ち切れ」の大ネタをそれぞれ演じ、大杉は二人の高座の様子を思い入れたっぷりに語ります。

「文都さんという人は、戦後上方古典の発掘にすでに大功あった人で、ネタ数も多く、むろん、大真打ちだから何をやらしてもうまいのだが、特にこの話の親旦那さんのような、老けの実役を演ずる時が実にいい」

ここで評されている文都は、どうみても桂米朝としか考えられません。そうすると弟子の小文は、一門の数ある弟子の中の桂枝雀が念頭にあったのでしょうか。いずれにしろ、米朝本人と弟子たちとも親しく交わった小松ならではの作品といえます。

桂文都が登場するもう一つの短編「乗合船夢幻通路《のりあいぶねゆめのかよいじ》」は、翌一九七六年三月に書かれました。タイトル通り古典の名作「三十石夢の通い路」がモチーフとなり、ここでも作家大杉や米朝の付き人、放送局ディレクターなどが賑やかに出てきますが、彼らがなんと宝船の七福神に見立てられるおめでたい趣向です。学生時代に寄席に通い、落語全集にも目を通していたことが、ここに結実していました。

(68) 五代目神田伯龍

幸田露伴(一八六七〜一九四七)の一八九一年発表の代表作「五重塔」に、「親方が和し過ぎるので増長した謀反人め、謀反人も明智のやうなは道理だと伯龍が講釋しましたが……」と、講談師の神田伯龍の名が出されています。

この伯龍は一九〇一年に亡くなった三代目神田伯龍ですが、五代目伯龍は三代目が死去した翌年に三代目神田伯山に入門、講談師になって十年目で早くも五代目名跡を継ぎ、後に多くの作家たちを魅了させました。

小島政二郎(一八九四〜一九九四)が、五代目伯龍の弟子入りから看板になるまでの苦難を辿った中編小説「一枚看板」を書いたのは一九二二年でした。この作が小島の出世作でしたが、「寄席の名人たち」とサブタイトルされた一九八四年の『八枚前座』でも小島は、「鼠小僧が静岡で松山華魁といい仲になるくだりも、類がないくらいなまめかしくっていい出来だ」と五代目伯龍を直接聴いた思い出を語っていました。

しかし何といっても五代目伯龍と近代文学で切り離せないのは、江戸川乱歩の一群の探偵小説です。乱歩が初めて探偵の明智小五郎を登場させたのは、乱歩の項で詳述したように「新青年」の大正十四(一九二五)年一月号掲載の「D坂の殺人事件」で、以後伯龍をモデルとした明智を自作に使い続けました。

SF小説で活躍した小松左京(一九三一〜二〇一一)は京都大学在学中、京極にあった富貴亭で伯龍を聞いて夢中になり、東京へ伯龍の追っかけまでしたことは前項で紹介しました。

有吉佐和子(一九三一〜一九八四)が舞踊界の因習にからむ愛憎劇を描いた一九六二年の長編小説『連舞』にも、伯龍の名が出てきています。東京の根岸が舞台で、「その辺りは下町でも遊廓のあるあたりから遠く、上野の杜は近いという場所柄からも、芸人でもかなり格の高い連中の子女たちが多く通っていた。秋子は女子組に属していたが、男子組には噺し家の林家正蔵や講釈師の神田伯竜の子供などがいた」と、同じ伝統芸能からか有吉の視野に落語と講談も入っていました。

(69) 小沢昭一

存在感ある個性派の映画俳優だった小沢昭一(一九二九〜二〇一二)は、芸能史研究者であり、また変哲という俳号を持つ俳人でもありました。

東京生まれの小沢は早稲田大学在学中に寄席を主に研究する「庶民文化研究会」を創設し、後の映画監督今村昌平や同業となる加藤武らとともに演劇活動に勤しみました。

卒業後、俳優座公演で初舞台を踏み、以降舞台のほか映画、テレビ、ラジオの各メディアで活躍、殊に可愛がられた川島雄三監督による「幕末太陽伝」「洲崎パラダイス赤信号」、盟友今村昌平監督とのコンビを組んだ「人類学入門」「楢山節考」などの映画で個性的な存在感あふれる演技をみせました。

一方で三河万歳、越後の瞽女、山口県の猿回しなど各地の放浪芸を尋ね歩き、『日本の放浪芸』など芸能史の研究書をいくつか書き残しました。あわせて『道楽三昧』『小沢昭一がめぐる寄席の世界』など落語、寄席に関する随筆集も刊行していて、「寄席と私」についての記述も残しました。

それによりますと、小沢が育った東京の蒲田に御園会館という寄席があり、子供の頃そこに通って十代目桂文治の父親の柳家蝠丸が「生で聞いた最初の落語家」でした。麻布中学生になると、銀座の金春という寄席に通い出し、勤労動員仲間を楽しませるためそこで「ネタを仕入れ」ていたそうです。戦後すぐ上野の焼け跡に、「二十人ばかりしか入れないような葦簀張りの仮設の鈴本ができ」、そこに通いました。「落語のおかげで、挫折感みたいなものなしに、戦後を生きることができた」と小沢はしみじみ回想しています。

昭和四十年代の中頃、玄人はだしの俳句を発表していた入船亭扇橋を宗匠に、「東京やなぎ句会」が発足、柳家小三治、桂米朝、永六輔、加藤武(のちに参加)、それに小沢らそうそうたるメンバーが毎月一回集まる句会が始まりました。小沢は三十数年間ほぼ無欠席で句会に顔を出し、変哲という俳号で作句に精励して、『変哲句集』『俳句で綴る変哲半世紀』などの句集にまとめました。「自分を培ってくれた寄席」などと故郷のように寄席を慕った小沢は、落語家を詠み込んだ句をそこにたくさん作っています。

「耳に志ん生口に塩豆年惜しむ」「鮟鱇や金馬の口も大きくて」「小さんらしきラジオ聞こえて春炬燵」「円鏡のラジオやせわし年用意」等々。

(70) 藤本義一

映画シナリオにテレビ番組司会にと関西を基盤にして活躍した藤本義一(一九三三〜二〇一二)は、芸の世界に取りつかれた落語家たちを描いた一連の小説を代表作として残しました。

大阪・堺市に生まれた藤本は、大阪府立大学在学中にラジオドラマのシナリオを書き始め、卒業後はテレビドラマのシナリオも書き、大映に入社してからは川島雄三監督に師事するなど本格的に映画のシナリオ作りに携わりました。

昭和四十年に放送開始されたテレビ番組「11PM」の読売テレビ制作分の司会者に抜てきされ、番組終了まで二十五年の長きにわたって番組の顔としての知名度を高めました。

その傍ら小説執筆にも力を入れ、川島雄三の半生を書いた「生きいそぎの記」など幾度かの直木賞候補作に取り上げられました。昭和四十七年、「浪花怨芸譚」を発表。これは、名人と謳われる落語家の父親に幼時捨てられた男が落語家を志すものの父に認められず、挫折する話でした。翌四十八年、寄席小屋の臨監席に座る巡査をなんとか笑わせようと落語家が妻を差し出す「浪花笑草」、股間の一物で芸をする座敷での珍芸に落語家が活路を見出す「浪花珍草紙」を相次いで雑誌掲載しました。そして四十九年、天然痘に罹った面貌に煙管を吊り下げ自虐的な芸を高座で演ずる桂馬喬を創出した「鬼の詩」により直木賞を受賞、作家の地位を確立しました。

同じ頃、バレ噺のみを得意芸にした落語家が裏街道を歩む「夢芸大色咄」を発表。そこには「まあ、みとれ、春団治がなんやねん。」と、二代目桂春団治に対抗心を燃やす心意気が述べられていました。「浪花笑草」にも、「わいは春団治の瓢箪鯰のような笑いだけで誤魔化して、古典を換骨奪胎して前受けだけを狙う芸は伝統に泥を塗るだけや」などの記述があって、藤本の一連の作品には初代、二代目春団治への反骨が大きなモチーフになっていました。

春団治はもちろん実在ですが、小説の主人公たちはほぼすべて創作された落語家です。ただ「鬼の詩」の桂馬喬にはモデルがあり、藤本が平成元年十月二十九日付の朝日新聞に寄せたエッセイ「自作再見」によると、それは桂米喬ということで、当時の上方落語界最長老の橘ノ円都から四度にわたり事細かく教示を受けたと打ち明けています。

(71) 阿川弘之

海軍従軍の経験をもとに予備学生の心情を記した長編小説や海軍提督の伝記などを残した阿川弘之(一九二〇~二〇一五)は、一方でユーモアあふれる小説や随筆も数多く手がけました。

広島市に生まれ、東京帝国大学を繰り上げ卒業したあと海軍に入隊した阿川は、原爆を落とされた故郷の両親はもういないものと覚悟して復員しました。阿川が敗戦の翌年に発表した処女作「年年歳歳」は、復員後無事でいた家族を見つけ自身も再生する話でした。以後、阿川は自伝風に従軍体験を長編小説『春の城』(一九五二)に、また特攻隊員に編入された海軍予備学生の心情を長編ドキュメント的な『雲の墓標』(一九五六)にそれぞれまとめました。

一九六六年に刊行されたやはり自伝的な長編小説『舷燈』に、それらを書くに至ったモチーフの一部が語られています。

「死んだ奴らの事を考へれば、自分にはこれで充分過ぎるくらゐ充分だと思ひ、生きて帰つて自分らの思ひを曲りなりにも作品のかたちで吐き出して、自費出版でもなしに本に出来た自分は倖せであつたと思ひ、それ以上の期待を持つ気にはなれなかつた」

若くして戦死した海軍仲間たちへの鎮魂歌として、阿川は戦後すぐから短編に長編にと書かずにいられず、さらに『山本五十六』『米内光政』『井上成美』と海軍提督三部作を上梓、海軍全体を見つめ直す作業も行いました。

これと並行して阿川は、遠藤周作、吉行淳之介、北杜夫らの作家と親しく交流したエピソードを『論語知らずの論語読み』(一九七七)と『あくび指南書』(一九八一)などユーモアたっぷりのエッセイ集にして刊行しました。前者は論語を阿川流の読み方で解釈したもので、古今亭志ん生や林家正蔵といった落語家が何度か例示されています。後者は落語「あくび指南」にならい、「題名も小見出しも、僕の好きな古典落語の中から頂戴」したというもので、計四十七の落語のタイトルをもとに落語とは関係ない阿川の交友ぶりが面白おかしく披瀝されます。

一九八一年一月、短編小説「夏どろ」が書かれました。自宅に泥棒が入り、現金が盗まれ、娘の佐和子がその音を震えながらじっと聞いていたという、どうやら実際にあった事件をヒントにしたような話です。落語に「夏どろ」がありますが、『あくび指南書』では扱っていなかったタイトルをこちらの小説の方に回した節があります。このように阿川は昭和の名人たちの落語をよく聞き込んでいて、演題も数多く頭の中に入っていたことがうかがえる二冊でした。

(72) 野坂昭如

黒メガネをかけたプレイボーイでレコード歌手デビューし、映画やCMに出演、一時は参議院議員を務めた野坂昭如(一九三〇～二〇一五)は、抒情的な作品を数多く残した直木賞作家でした。

その受賞作は、ともに昭和四十二年に発表された「アメリカひじき」と「火垂るの墓」でした。アメリカからの来客を個人的に接待する日本人夫婦の戸惑いと行き違いをユーモラスに描いた前者と、神戸の空襲で逃げまどい、背負った妹を栄養失調で亡くす浮浪児をテーマとした後者は、敗戦後二十年経過した当時の日本が依然アメリカの影響下にあることを、否が応でも意識させるものでした。

野坂はこれらの作品によって、「焼跡闇市派」とか「昭和ヒトケタ世代」などとジャーナリズムで一層喧伝されるようになりました。ほぼその頃野坂が書いた短篇小説に、六甲山ふもとのホテルバーで知り合った地元若者と黒人とが話し合うのを傍でじっと観察する「くらい片隅」があります。そこでは英語通訳者が、「やたらとよく笑い、落語家といっしょで、あんなに笑いっぱなしでは、家族の者にさぞ仏頂面するのだろう。バアでアメリカ人と酒を飲んでいる奴、レストランで、アメリカ婦人をかこみ、いい歳した男どもの、レディファーストコンクール」などと毛嫌いされていまず。敗戦後の混乱とコンプレックスのためか、通訳者を語るのに落語家が引き合いに出されていました。

大学紛争が終息した昭和四十年代後半、大学の落語研究会を舞台にした小説「ああ軟派全落連」が書かれました。その主人公の勲は、「高校時代から寄席に足繁く通って、特に誰というわけではないが、昼席のすいた客席にぼんやり過ごせば、いかにも人生の落伍者といった落魄の趣き身にしみ」る男で、西北大学(野坂の母校、早稲田がモデル)に入学して落研に入ります。落研活動の一つとして、学内の小講堂でプロの噺家「前座三人真打ち一人」を呼んで落語会を開き、会員が小遣い稼ぎをしていました。すでに「小さん、文楽の門をくぐり」、今度は柳好に交渉しようと企画します。

勲たち学生は、向島にある柳好の家を直接訪ねました。

「道のかたわらに、古びた床几があり、老人が朝顔の鉢にじっと見入っていた、まごう方なき柳好で、しかし、高座での艶冶な印象とまるでうらはらの陰惨といってもいい表情、こちらに気をとめるでもなく、丹精こめているのか、それにしては変哲もない朝顔の花を、うつけたようにながめ、浴衣からはみ出た脚も、つややかなはずの額も、すっかりしなびきって見えた」

それで、声もかけずに帰ります。

ひょうひょうたる高座で知られ、昭和三十一年六十九歳で没した三代目春風亭柳好の自宅での素顔が、ここに写し取られていました。この柳好の十八番の一つに、「野ざらし」がありました。向島に釣りに出かけた隠居が一匹も釣れず、見かけた野ざらしのどくろにふくべの酒で回向するとその晩若い女幽霊が現れ、隠居に礼をするというもの。

実は、野坂も昭和四十九年春の『別冊小説新潮』に短編小説「野ざらし」を発表していました。大学助教授が利根川で釣りをしていたら、しょれこうべがひっかかりました。「気持の底には、落語の『野ざらし』があった」助教授はウイスキーを注ぐと、三週間後、大学の事務室を通して若い女が現れます。女は妻子ある助教授につきまとうので、鬱陶しくなった助教授はカッとなり「亡者をして亡者の立場にかえ」すというストーリーです。

ちょうど前年、大学助教授が教え子を殺して一家心中するという世間を騒がせた事件があったばかりで、野坂はそれを踏まえ、柳好の高座を重ねながら古典落語を書き換えたものと考えられます。

(73) 田辺聖子

恋愛小説、伝記小説などユーモアを交えた作品で多くの読者を獲得した田辺聖子(一九二八〜二〇一九)は、落語台本作家としての一面を持ち合わせていました。

「実をいうと私は、私の書く短篇のあるものを落語小説とひそかに呼び、これを大阪弁で咄してもらうことを夢みている」(『ほとときすを待ちながら　好きな本とのめぐりあい』一九九二年十月中央公論社)と述べ、「勉強が大きらいで、やすみ時間に、落語やピンク小咄をしゃべるのが好き」(『イブのおくれ毛Ⅱ』一九七八年五月、文春文庫)とも語っています。

よく知られているように田辺聖子は、やわらかい大阪弁を駆使した「カモカのおっちゃん」シリーズ、「源氏物語」などの古典を翻案した小説、また川柳作家や女流作家の評伝など残しました。書くスタイルをさまざまに模索した結果、それらが世代を超えて愛される作品となりました。

そのスタイルをあれこれ考えていた時期に、田辺聖子は落語との大きな出会いがあったようです。「落語を聴いていると、じつにさまざまなヒントを与えられる。人物描写の溌剌たるクロッキーがそこにある。躍動する会話がある」「(いやいや、ははあ、こういうところに、描写のコツが秘匿されてるんだなあ)と思ったりする。『読む落語』をめざしている私としては、まことによく『お勉強』でき、楽しめるのである」(『楽老抄　ゆめのしずく』一九九九年二月、集英社)

思いのほか、田辺聖子は落語の影響を受けていて、彼女の発表する小説は活字で楽しむ落語を目標にしていたことがうかがえる一文です。

当然のこと落語家にも深い関心を抱いていて、中で六代目笑福亭松鶴についての思い出の文章がありました。

「私はいつか、大一座の中で師匠によそながらお目にかかったことがあった。そのとき師匠は大一座をずーっと見渡し、私の所へ視線がいくと、(ハテ見なれぬオナゴがいよる)という風情で、じっと私を見つめられる。その視線というのが、じつに色けがあって、別の好奇心むき出し、値踏みするようにためつすがめつ、イキイキと面白がっていて、躍動する若々しい好奇心を感じさせられた。私は一ぺんに師匠を尊敬し好きになってしまった」(『イブのおくれ毛I』一九七八年三月、文春文庫)

そんな田辺聖子が満を持して、落語台本のつもりで書いた小説があります。一九七四年筑摩書房から刊行された『おせいさんの落語』で、雑誌連載された「貸ホーム屋」「愛のロボット」などの短編小説十一編が収められています。

ほとんどが現代に設定され、発表された当時の世相が描かれたものもあり、「ツチノコ女房」は全国各地で捕獲騒ぎのあった未確認動物がテーマにされています。幻のツチノコを探しているうちに、逆に人がツチノコに捕まってしまいます。「人間がツチノコつかまえる、いうのは分るで。しかしツチノコが人間つかまえて、どないしょう、いうねん」「賞金もろうて、みせもんにして国中まわって左ウチワでくらすか。メスと一しょにツガイでつかまえてふやしたら、食いっぱぐれないというもんや」と、ツチノコ同士のやりとり。一つ目小僧を探して見世物にしようと企み、一眼国に紛れ込んで捕まり、見世物に出されるという古典落語「一眼国」のパロディでした。

また「すずめ女房」は助けられた雀がおっちゃんに恩返しをする話ですが、狸がお礼にサイコロになって言われた通りの賽の目を出す落語「狸賽」と一部そっくりです。

たくさんの落語の演目を聞きこんで田辺聖子文学の薬籠中のものにしたことが、これら落語台本の小説の裏付けになっていたことは確かです。

(74) 和田誠

ユーモラスな人物画や簡潔な線の挿絵などで親しまれたイラストレーターの和田誠(一九三六〜二〇一九)は、週刊誌の表紙絵や新聞書評欄のカット描きなどのほか、映画にも造詣が深く、「麻雀放浪記」(一九八四)や「怪盗ルビィ」(一九八八)などの快作、話題作の監督をし、映画評論の著書もいくつか残しました。

そんな和田は、実は大阪で生まれ、九歳まで大阪市内で暮らしていました。二〇〇一年のエッセイ集『指からウロコ』に、「記憶の中の大阪」という一文があります。「ぼくの家は阪和線の南田辺の駅のそばにあった。門の脇に夏蜜柑の木があり、実がよく実っていた」「遠出をした記憶はあまりないが、繁華街に出たのは天王寺であっただろう」などと記述されていますが、「大阪生まれという意識がまるでなかった」そうです。

大阪とのつながりの意識が薄かったことと同様、和田と落語との関わりも、和田の多彩な活動のうちには埋もれがちになりそうな事柄です。

和田は一九七四年頃から雑誌に求められて、新作落語を発表していました。侍が骨董屋で奇妙な物を買い、物の正体を知らない骨董屋主人と値段のやりとりする「空海の柩」、キネマ・キチベエという映画にやたら詳しい男が映画を地ばなし形式で語る「杵間吉兵衛」、長屋の連中と大家が冬場に闇汁をして嘆きあう「闇汁」、『鬼の目に涙』など鬼の出てくる諺や言い回しがたくさん盛り込まれた言葉遊びの「鬼ヶ城」、『荒海や佐渡によこたふ天河』など松尾芭蕉の数々の名句をパロディにした「荒海や」があります。

驚くことに一九七九年に、以上の五編が順に五街道雲助、夢月亭歌麿、入船亭扇橋、柳家小三治、春風亭小朝といった豪華出演陣によって演じられる「和田誠寄席」が一夜限りに開催されていました。そして、その夜の模様から四編を収めた二枚組のライブ盤がビクターでレコード化され、発売されました。

この「和田誠寄席」の直後に、和田はイラストレーター仲間の山藤章二と雑誌用に対談し、新作落語を書いたいきさつを述べています。

「まったく新しい落語を作り出そうという気はなくて、しかも演じて貰うという気さえなくて、落語という形式だけをいただいて、いわばパロディ的な精神でもってSFを書いてみたいと思っただけなのね。それが『空海の柩』なんだけど」

また少年時代に誰が好きだったかと問われて、春風亭柳橋から入ったと答え、そのあと「ぼくは急に志ん生に行ったね。それから延々と死ぬまで志ん生だった」と、好んだ落語家の名をあげ、「ほとんどラジオで聴いてたんだけど。うちのおばあちゃんが演芸好きで、歌舞伎に連れてったり、寄席に連れてってたりしてくれたんで」と落語への思い入れも語っています。

志ん生といえば、和田は最晩年の志ん生の姿に間近に触れたことがありました。二〇一一年刊の『五・七・五交遊録』によると、「齢のせいで何度か倒れ、高座へ上らなくなった志ん生さんの『大津絵』をもう一度聴きたいと熱望した山口瞳さんが、つてを頼りにやってもらうことになりました。場所は志ん生さん指定の神田川。でも一人で聴くのは贅沢すぎるし、ご祝儀も大変だ。それで会費制にして落語好きらしい知人二十人ほどに声をかけ」、和田も声をかけられた一人として参加しました。神田川は鰻屋の屋号で、志ん生が退場したあと、「志ん生さんをもう聴けないだろうという思いが重なって、一同しんみりと」鰻を食べました。

この文章の前に「大津絵のあとの哀しき鰻かな」という句が掲出されていますが、『五・七・五交遊録』は和田自作の数多い俳句とそれにまつわる思い出がまとめられた本でした。つまり和田は俳人の仕事もしていたわけで、新作落語の作者であったこととともにもっと知られてよい一面がそこにありました。

(75) 池内紀

兵庫県姫路市生まれでドイツ文学者の池内紀(一九四〇〜二〇一九)は、カフカの全作品やゲーテの『ファウスト』を斬新に翻訳したほか、旅にまつわるエッセイや小説も多数発表しました。

一九九三年刊行の『錬金術師通り』はウィーンやプラハなど東欧の五つの都市を巡る短編小説集で、中の一編「カフカの一人息子」は、カフカの最晩年に寄り添っていた女性に一人の息子がいて、老人になったその息子に会いに行く話です。四十一歳の生涯を終えたカフカには結婚歴はありませんでしたが、その老人はカフカが父だと言い張りました。

カフカ全集を訳し終わった頃に池内は、新聞のエッセイで「『不条理作家』などという窮屈なレッテルから解放して、もっとおかしく、フシギな、新しいカフカを示したかった」と述べています。

「変身」「城」「審判」など有名なカフカ作品もさることながら、芸人が出てくる「断食芸人」に、池内はひときわ愛着を持っていたようです。

興行主から最高四十日の断食を決められていた男が檻に入り、何も食べずに芸もせず、座ってひたすら断食を続けます。サーカスに新たに雇われるものの動物たちと並ぶ檻にいますと、観客には見落とされがちになり、やがて忘れ去られるという悲しい内容です。

カフカが一九二二年に執筆、死後に出版されたこの「断食芸人」は、ストーリー的にほぼ同時期に日本で作られた落語「動物園」によく似たところがあります。そんな点からも池内はこの小説にことさら引かれたようですが、他方池内には、一九九九年刊の『はなしの名人――東京落語地誌』という落語と正面から取り組んだ著作がありました。

題名通り、名人上手の落語家が演ずる古典の名作あわせて十五作を取り上げていて、その舞台となった土地を池内自らが訪ね歩き、歴史、地理などを分かりやすく考察したものです。

最初に論じられているのは、大正半ばから昭和三十年代初めまで活躍した三代目春風亭柳好の「野ざらし」。江戸向島に釣りに出かけた浪人者が、蘆で見つけたドクロに瓢の酒を手向けます。裏長屋に帰りますと、その晩妙齢の女性がやっと浮かばれたとお礼に現れる、前半がやや陰気な噺です。

池内は、「柳好自身、向島の住人だった。のちには置き屋を持ち、旦那さまにおさまった。高座のない日は、ふところ手して小唄を口ずさみながら、大川端を散歩するのが日課だった」として、陰気な「人骨をめぐる因縁ばなしが、もののみごとにスラップスティック調の喜劇に変え」られたのは、柳好の手柄と指摘しています。そして向島の辺は隅田川が洪水をおこす度に多くの水死人が出、ドクロはしょっちゅう見かけたので、「フクベの酒を手向けて回向をするのは釣り人の習いだった」と、背景に触れています。

『はなしの名人』のあとがきで池内は、ヨーロッパ文学のテクストを読む要領で落語をテクストとしてながめたと記しています。そこから落語に登場する舞台は、「たまたま選ばれた土地ではなく、江戸から東京に及んで意味深い地誌といったものが、強力にはなしの性格を決定していた」と推測しています。

『錬金術師通り』のあとがきでは、東欧をひとり旅したことによる「旅先の収穫」と、その短編小説集の由来が語られています。ドイツ文学を核にした翻訳と研究、小説エッセイの発表、繰り返したひとり旅、それに落語好き、池内紀にはそれらがすべて一本の道のように続いていたのでした。

(76) 橋本治

女子高生の話し言葉で綴った小説『桃尻娘』で世に出た橋本治(一九四八～二〇一九)は、古典文学の現代語訳や翻案にも取り組み、成果を残しました。

「大きな声じゃ言えないけど、あたし、この頃お酒っておいしいなって思うの。黙っててよ、一応ヤバイんだから」という、高校一年生のおしゃべりで書き出された『桃尻娘』は、一九七七年の「小説現代新人賞」佳作に選ばれました。

この文体を、平安時代の清少納言が現代に一人語りするように「春は曙よ」と移し替えたのが

『桃尻語訳　枕草子』全三巻で、橋本の古典の現代語訳はその後、『窯変源氏物語』全十四巻などに結実しました。

その橋本が晩年に力を入れたのが「落語世界文学全集」で、第一弾としてシェイクスピアの名作『ハムレット』を落語に翻案した「おいぼれハムレット」を二〇一七年の雑誌「文藝」に三回にわたって連載完結させました。

「扨、今日申し上げますのは、西洋のお大名家のお話でございます。お大名家のお話も色々とございます内で、『長ろうべきか死すべきか』で評判を取りました、講釈種の後日譚でございます」冒頭の一節から明らかな落語家口調で、もっと言えば三遊亭円朝の口振りを真似ているようにもみえます。なぜならタイトル下に、「橋本治・口演　酒井捏造・速記」とあり、円朝の『怪談牡丹灯籠』など一連の活字化された速記本に見られる「三遊亭円朝・口演　酒井昇造・速記」を踏まえているからでした。酒井昇造を酒井捏造としているのは、もちろん橋本流パロディです。

その第二弾がフランスのカミュ作『異邦人』を落語化した「異邦人」で、「えー、毎度莫迦莫迦しいお話を申し上げます」で始まり、二〇一八年と二〇一九年の「文藝」に二回連載されました。しかし作者の病死で未完となり、二〇一九年五月に刊行された「文藝別冊　追悼総特集橋本治」に遺稿として連載分が掲載されました。その最後に書かれている「編集部より」によると、「世界落語文学全集」の続刊予定として、『人形の長屋』『人情噺　罪と罰』『怪談　嵐が丘』などを橋本は挙げていたそうです。

桃尻語で現代を切り取る作業を始めて、最後は落語によって世界の名作を翻案表現しようとした橋本の壮大な構想は歩み始めたところで頓挫してしまい、さぞや本人は無念だったことと察せられます。

(77) 古井由吉

随想風かつ私小説風な様相を呈しながら非現実的で幻想的な小説作品を多く残した古井由吉(一九三七〜二〇二〇)は、人間の内面を見つめる「内向の世代」の代表的な作家と目されました。その古井が一九九九年六月に短編「犬の道」(連作集『聖耳』に収録)を発表し、そこで昭和二十三年に父親に連れられ初めて新宿末広亭へ行った思い出を語っています。それから二年と経たないうちに、「ラジオの寄席番組を欠かさず聞くようになり、古い落語しか受けつけず、小学生の内から、好きなのは志ん生と柳好と右女助と言うほどになった」、かなり早熟な耳の肥えた小学生だったようです。

二〇〇六年十月に書かれた短編「野晒し」(短編集『白暗淵』に収録)は、尾方という主人公が小学生の頃から聞いていた噺の一つとして「野晒し」を挙げています。世間の流行に疎い尾方がたまたま入った寄席で聞いた「野晒し」の本来の怪談調から滑稽調に変遷された歴史が語られ、尾方が風邪で寝込んだ床に夜な夜な老女が通う話に替わります。どうやら女は幽霊だったようで、現実と非現実がいつの間にか入れ替わる古井お得意のストーリーが展開されていました。

一九七六年三月の中編小説「夜の香り」は、アパートで自殺した学生の友人の大倉が第一発見者となっててきぱきと後始末にあたるのみならずその晩から死者の部屋に泊まり込む話です。大倉は他の部屋の主婦たちにも気軽に声をかけ出し、アパートの主のような存在になります。ここまでのストーリーで、長屋の鼻つまみ者らくだの急死後に訪ねてきた兄貴分が香典をあつめさせるという、「らくだ」が下敷きにされていることが知らされます。「野晒し」の三十年前に、古井はすでにもう一つの名作「らくだ」を小説の中に取り入れていたのでした。

東京生まれの古井は父の実家のある岐阜県に一時疎開した以外はずっと東京に暮らし、日比谷高校に転校する前の五か月間は独協高校に学びました。二〇一四年刊行の『半自叙伝』に、その独協高校の「同学年に美濃部君、後の古今亭志ん朝師匠がいた。私と違って本格のドイツ語クラスにいた」と述べています。小学生時分から落語になじんでいた古井にとっては、ファンだった志ん生の息子で後年高名になる名人とわずかでも同学年で在席していたことは誇らしかったのだと察せられます。

(78) 安野光雅

島根県津和野町に生まれた安野光雅(一九二六~二〇二〇)は、初め美術の教師をし、のち子供から大人まで楽しめる絵本や世界各地の風景を水彩画などで発表して国際的な名声を確立しました。二〇〇一年春、郷里津和野のJR駅前に「安野光雅美術館」がオープン、四千点を超える安野作品が収蔵されての企画展では、訪れる人の目を楽しませています。

その美術館の一角には、安野が出版した絵本、画集のほかに数多いエッセイ集が並ぶ書棚が設けられていて、そのうちの一冊に、一九七六年刊行の切り絵と文章からなる『がまの油――贋作まっちうりの少女』がありました。「あとがき」には、こうあります。

「一冊の本は、と聞かれれば、私はためらわずに、森鷗外の即興詩人と答える。原作のアンデルセンと共に、傾倒した東西二人の作者である。それに私は落語が好きである。そんな私が、柱に頭をぶっつけたりしたら、何ができ上るか。それが、この本であった」

同郷の文豪森鷗外と先駆的な童話作家アンデルセンを敬愛してやまなかった安野は、落語好きでもあって、タイトルを落語とアンデルセンをモチーフにして付け、本文は鷗外の即興詩人の文体を模している彼の原点のような本でした。

実は安野の落語好きは筋金入りで、二〇〇六年に出された自伝的なエッセイ『空想亭の苦労咄』

は、さまざまな古典落語の一節を引用しながら自身のこれまでの生活を振り返るものでした。そこでは文体まで噺家口調にされていて、次のごとく述べられています。

「あたしゃあ東京へ出てくる前から落語が好きでしてね、東京へ来てからは主に新宿の末広亭でしたが、よく通いましたな、そこで、すっかり落語にかぶれまして、とうとう落語の言葉でものを考えたりするようになりました。その好きな落語の言葉でしゃべるってぇと、どういうわけか、どんなことでもしゃべれて、楽しい世界へ入って行ける気がするんですな、そこで田舎弁は、一時しまっといて、落語弁で考えようって思うんで、へぇ」

噺家口調で過去を回想し、まるで新作落語風に仕上げた理由がよく理解できるところでした。

(79) 肥田晧三

大阪の庶民文化を中心に上方芸能史や近世文学、書誌学などを研究した元・関西大学教授の肥田晧三(一九三〇~二〇二二)は、「なにわの生き字引」と称され、上方落語界にも大きく貢献しました。

大阪・島之内の旧家に生まれた肥田は、府立高津高校を病気のため中退し、長い闘病生活を送りました。療養後は、府立中之島図書館の非常勤嘱託などを経て関西大学文学部教授を務め、近世から近代にかけての日本文学や上方芸能を講じました。また様々な分野の膨大な数の資料を収集し、『上方風雅信』『上方学藝史叢攷』などの著作にまとめました。

一方で宝塚歌劇やOSK、戦後のジャズさらに子ども絵本など広範囲に詳しく、それらが芸能研究団体で発表されたものが『藝能懇話　第二十号　特集肥田晧三坐談』に、また読売新聞に二〇一五年から三年二か月にわたって連載された聞き書きが『再見なにわ文化』にそれぞれ活字化されて刊行されました。いずれにも幼少期から上方落語に親しんでいたことも述べられていて、すでに十歳の頃に五代目笑福亭松鶴の自宅であった楽語荘主催の錦影画鑑賞会の会員になり、桂南天の舞台を追いかけました。肥田が「一番熱心に落語を聞いたのは、終戦から間もない、昭和二十二年(一九四七)のことで」、「大阪落語の会」とか「上方はなしを聴く会」に休まずに行きました。「当時、一番好きやったのがやっぱり松鶴。戦前から何回も聞きました。『天王寺参り』や『三十石』。『三十石』は三へんか四へん聞いたかな。ソラで覚えるくらいでした。そのほか、米團治、先々代の桂文枝、桂文團治、橘ノ圓都も出てはりました。どの会も小さな規模で、勉強会みたいなもん」

その昭和二十二年、「戎橋松竹」が映画館から寄席に替わって、小さな落語会育ちの肥田少年にはなじみが薄くなり、落語熱が冷めたようでした。

二〇一一年十月、当時の上方落語協会会長の桂三枝(現・六代文枝)の肝いりで、大阪市の坐摩神社境内に「上方落語寄席発祥の地」顕彰碑が建立されました。約二百年前の寛政年間に、初代桂文治がその地で初めて常設の小屋を建てたのが寄席の始まりとされ、現在の繁昌亭の遠い祖先にあたるからでした。この顕彰碑を監修し碑文を書いたのが肥田で、除幕式に参列した「なにわの生き字引」は現在の上方落語界にも多大な影響を与え、大きな貢献をしたのでした。

(80) 瀬戸内寂聴

恋愛小説や伝記小説を発表して人気を集めた作家で僧侶の瀬戸内寂聴(一九二二〜二〇二一)は、自立した女性の先駆者として九十九歳の天寿を全うしました。

寂聴の作家的原点となったのは一九六二年に雑誌掲載された短編小説「夏の終り」で、彼女が三十代のおよそ八年間、妻子ある不遇な作家と恋愛関係におちいり、あわせてかつての年下の恋人とも付き合うという複雑な経験を描いたものでした。この後に書かれた「みれん」「花冷え」「あふれるもの」も登場人物が同じのいわば連作短編で、これらを通して世間的には認められなかった生活を客観視し文学作品に高めました。

「夏の終り」で、自宅と愛人の家との二重生活を続ける登場人物の印象深いセリフがあります。大晦日に女性主人公が風邪にこじれて発熱し、床についた際の一言、「元旦は出来るだけ早く来るよ。寄席にでも行こうか」。

岡本かの子、伊藤野枝という激しい生き方をした女性の伝記を主に残した寂聴には、珍しく講談師を書いた小説があります。晩年の二代目神田松鯉を取材して修業時代の苦心談や女性遍歴などを下積みの女性作家が聞き出すという中編小説「花野」(一九六四)で、芸人がみな実名で出てきます。作者本人がモデルの聞き役の女性作家は、「落語は聞いても、講談といえば」「聞かず嫌い」で、友人に誘われ講談定席の本牧亭に通い出します。昼席の客数がようやく二十人に達したとか、常連のような客がみんな相当な年輩とか、一九七二年に定席を閉じる前の本牧亭の様子が詳細に語られています。

松鯉の父は二代目神田伯山で、「宋朝水滸伝」などで八丁荒しの異名をとる人気実力者でした。しかし松鯉があまりにバクチ好きだったため、父は三代目を弟子の小伯山に譲り、息子には隠居名で名乗っていた松鯉を二代目として襲名させたいきさつも記されています。

寂聴は「夏の終り」の連作を書き上げた直後、満三年にわたり職人にインタビューする記事を雑誌連載しました。実は二代目松鯉もその記事の一つに取り上げていて、『一筋の道』で単行本化した際、「花野」を「創作活動を刺戟されて、改めて小説に書き直した」とあとがきしています。「自分にしかない独自の才能の芽を育て、その開華のために努力してみるという生き方」に引かれたとも述べていますが、それが彼女自身の生涯そのものであったようでした。

(81) 石原慎太郎

一橋大学在学中「太陽の季節」を発表、若者たちの奔放な生態を描いて芥川賞を受けた石原慎太郎(一九三二〜二〇二二)は、娯楽小説、サスペンス小説などの分野で作家活動するとともに、三十代半ばからは政治家としての足跡も記しました。

石原はその言動とパフォーマンスから政治家としてのイメージが強く残されましたが、最期まで執筆生活は続けられ、雑誌「新潮」の二〇二二年四月号に遺稿「遠い夢」が掲載されました。この短編小説は、初恋の女性が病死したことを知らされた「私」が葬儀に行き、白い薔薇の花を祭壇に撒き散らすというもので、遺影に向かって香炉を投げつけた「太陽の季節」の一節を想起させました。

石原文学にはすでに初期作品から死にまつわる話が一貫していて、二〇二〇年に刊行された七つの短編集『死者との対話』には、表題作のほか「いつ死なせますか」「死線を超えて」などが収められていました。その一つが「ある奇妙な小説」と副題された「老惨」で、死期が近いと覚った男のモノローグと会話で綴られる作品です。何人かの故人が実名で出て、中に「俺の腐れ縁だった立川談志が晩年いろんな所に癌が出来てきてしまって最後には声帯をやられて声が出なくなっちまった。それまでもしきりに死にたい死にたいとあちこちで言っていた」と談志についても述べています。

石原は談志とは何回か雑誌対談していて、談志が亡くなる前年の二〇一〇年、落語を演じている最中に登場人物が勝手にセリフをしゃべるとぼやく談志に対して、石原は返します。「作中人物が裏切ったり反乱したり勝手に動いたりするの、面白いね。だからそれで立川談志の『死神』なんて聞きたいんだけどね、怖い話だけど」。一九八九年十月、十一月の「新潮」に石原は「自分の身の回りにあったいくつかの、なぜか忘れがたい出来事や人から聞いた話」の「ショートショート」である『わが人生の時の時』を一挙掲載しました。そこの一篇に「死神」があり、落語の「死神」を早くからモチーフにしていたことがうかがえます。

二〇一二年二月、追悼文「さらば立川談志、心の友よ」を雑誌に寄稿した石原は、談志と弟子の親子会をのぞいた際、一席を演じる体力のなくなった談志が「二十分ほどの小噺そのものは卓越したショートショートを繋いで本当にうまいものだった」と感心しています。ショートショートの共通項により、その時の石原には談志の落語が文学そのものと映っていたようでした。

(82) 西村賢太

北町貫多という自身をモデルにした日雇い労働者の日常を私小説にした西村賢太(一九六七〜

二〇一二)は、シリーズの一つ「苦役列車」(「新潮」二〇一〇年十二月)により芥川賞を受けました。「苦役列車」は、中学時に父親の性犯罪のため一家離散の憂き目にあった北町貫多が中学卒業すぐに肉体労働を余儀なくされて自身の食い扶持を稼ぐものの将来の見通しが立たずにうつうつとした青春を送り、さすがに「こんなやたけたな、余りにも無為無策なままの流儀は、一体いつまで通用するものであろうか」と自省する毎日を過ごすというストーリーです。

そんな貫多が「寒灯」(「新潮」二〇一一年五月)という短編小説になると、初めて同棲にまでこぎつける秋恵と出会い、三十代半ばでの二人の暮らしぶりが書き込まれました。しかし年末年始の過ごし方で二人の行き違いが鮮明になり、挙句は年越しそばの作り方をめぐって互いに罵り合う羽目に陥ります。

「ふざけんじゃないわよ。もうやってらんないわよ!……」「よし、それならもう話は早いや。出ていけ。……」

こんな会話が繰り返される表題作「寒灯」を含んだ短編集『寒灯』が刊行された直後に、西村は通信社の取材に対し少年期からの落語ファンと言い、次のように応えていました。

「僕は文芸作品よりも、現代落語を書いているという気持ちが強いんです。落語って老若男女、誰が聞いても分かる。そういうことを純文学でやりたい」(大阪日日新聞、二〇一一年八月十日付)

その後、永井荷風の日記文学の傑作『断腸亭日乗』に倣って西村は、『一私小説書きの日常』『一私小説書きの日常　憤怒の章』など自身の日記を相次いで出版公開しました。そこでは、たとえば二〇一一年十月二十六日に「高田先生の〝傍流弟子〟を名乗ることも直々に許され、感無量となる。現に、自分の小説の会話部分には、高田先生の話芸からの影響がかなり深い」と、立川談志の弟子で立川藤志楼と名乗っていた放送作家の高田文夫に近づいていたことを述べています。また二〇一三年二月四日は浅草演芸ホール、五月二十日には新宿末広亭へとそれぞれ足を運んでいたことも記していました。

作家活動の中で寄席に親しむ生活を送っていただけに、今後どんな落語に関わる作品を産み出そうとしていたのか、享年五十四という西村の早すぎる死去が惜しまれます。

（了）

あとがき——落語と文学と

私が落語という古典芸能を強く意識したのは、二十歳の折、郷里新潟の病院のベッドで聞いたラジオから流れる林家三平の「犬の目」でした。高熱と咳で苦しい症状が続く入院中の身でしたが、思わず声を出して笑ってしまい、見舞いに来ていた祖母を驚かせました。

結核と診断されて入院期間は一年の長きにわたりましたが、その間ラジオの演芸番組を常にチェックして毎週何席かの落語を必ず聴き通しました。文学部国文学科に在籍していた私は、落語を聴くたびに江戸文学からつながる近現代の日本文学にも大きな関りがあると、漠然と考えていました。

大学二年に復学した私は、下宿先とキャンパスの中間に定席があると思い起こし、新宿末広亭に通いつめました。毎回二列目の中央通路付近に座る私に対し、爆笑王の三平師が「若旦那、もっと笑ってくださいよ」などと呼びかけ、客席の笑いをなおとっていたのも思い出されます。

大学三年の秋、「万葉集」の故地を散策する国文学科学生の恒例の万葉旅行で奈良に宿泊した夜、池田彌三郎先生が参加の学生たちに卒業論文についてアドバイスされたことが忘れられません。先生は、論文のテーマは興味を覚えた好きなものを選んでいい、しかしずっと興味を持てそうなものは選ばずに、二番目に好きなものをテーマに扱った方がいい、一番興味を覚えるものは社会人になってからも自然と学び続けるだろうから、と言われました。

その頃の私は夏目漱石の作品はいくつか読んでいましたが、川端康成、福永武彦といった現存作家の話題作を手当たり次第に読む程度で、これといって深く読もうと思う作家、文学者には出会っていませんでした。それならまだ二番目に関心がある落語という芸能にもっと深入りしてみようかと思い至りました。

三年の冬一月、八王子市にある大学セミナーハウス主催による「漱石と鷗外」セミナーが開講されました。これは、著名な研究者や評論家が少数の大学生を集め二泊三日の合宿をしてゼミ形式により集中講義するという、密度の高い、ある意味で贅沢な催しでした。漱石研究者では江藤淳、越智治雄、鷗外研究者からは、竹盛天雄、小堀桂一郎、平川祐弘といった名立たる講師陣の顔ぶれでした。

落語を卒業論文に取り上げようとなんとなく思い始めた頃で、それとはテーマが重ならない催しでしたが、親しい同級生の藤井淑禎が一緒に参加しようと強く勧めてきました。漱石を卒論に書くことを決め、越智治雄ゼミを希望する藤井は、越智は三遊亭円朝論も発表して落語にも詳しいはずだからと私にも同ゼミに入り、越智の指導を共に受けようと慫慂しました。

越智治雄は漱石の「漾虚集」をあらかじめ学生たちに読ませ、ディスカッション形式でゼミを進めました。数点の漱石作品しか読んでいない身にはついていけないほどのレベルの高さでしたが、越智先生の漱石についての該博な知見には唯々圧倒され、学問に対する向き合い方などもそれとなく知らされる時間になりました。

四年春に、藤井は漱石、私は落語を書くことに決め、共に檜谷昭彦ゼミに進級しました。同時に二人とも東京大学助教授の越智先生に懇願して、当時先生が開講していた成蹊大学の漱石「三四郎」論講座の聴講にも参加させてもらいました。藤井は熱心に受講していたので越智先生の薫陶を受けて卒論執筆に成果を上げる一方、私はその分寄席に足繁く通い、時折先生に報告をしての指導を受け、神事芸能としての落語の考察をして卒論を書き上げました。

大学卒業と同時に私は、縁もゆかりもない関西の地にあるラジオ局の和歌山放送に就職しました。これで好きな寄席通いはできなくなると思いましたが、関西なら上方落語の本場なので、ひょっとして落語と関われるかもしれないというほのかな期待も持ちました。

仕事は報道部勤務だったため、ニュース原稿の作成やニュース番組の制作に六年ほど従事しました。しかしその間、和歌山県桃山町出身の桂文福さんと取材で知り合い、交流を深めました。文福さんが故郷で開く落語会にはできるだけ足を運んでいましたが、会をのぞくうち自分なりの感想を記してみたくなり、一九八一年から二年間、ミニコミ紙の「ニュース和歌山」で毎月二回「マッチの寄席ばなし」というコラムを連載しました。和歌山の落語会評だけでなく、東京の落語事情や卒論で収集した情報などもコラムに盛り込みました。それを新書版形式で一冊にまとめたのが、和歌山市の有馬書店から一九九〇年に刊行した『落語ジャーナリズム』でした。

ちょうどその前後、文福さんとは一門の違う和歌山市出身の桂さん福が和歌山放送に出入りし始めたので、自然さん福さんとも親しくなり、彼が和歌山市内で勉強会を開く希望を持っていたことからそれを手伝う形で、一九八七年に地域寄席の「紀の芽寄席」をスタートさせました。

しかしながら残念なことに、さん福さんは一九九一年九月腹部動脈瘤破裂のためわずか三十二歳の若さで急死しました。残された紀の芽寄席は、さん福さんのすぐ下の弟弟子、桂福車さんに引き継いでもらい存続させました。福車さんが同じ春団治一門の兄貴格として桂春雨さんを紀の芽寄席に引き連れて来てくれた時、二人をＤＪにして落語番組を作ることを思い付き、企画書を書いたらすぐに通り、毎週日曜日和歌山放送の三十分のラジオ番組「紀の国寄席」が一九九二年に始まりました。

和歌山市を中心に春雨、福車がレギュラーでほかに三人ほどの若手落語家が出演する紀の芽寄席を隔月のペースで開催、そこで収録した高座を「紀の国寄席」で放送するということで、番組は二〇〇五年まで実に十三年の長期間続きました。

二〇〇四年秋、役職定年制に伴い管理職をはずれた私は、少し余裕のできた時間を利用して大阪大学大学院文学研究科に二〇〇五年春より通学しました。大学卒業以来胸に秘めていた漱石研究に取り組むつもりで、越智先生が和歌山へ行く私にヒントを与えてくれた漱石の和歌山講演「現代日本の開化」と漱石文学における落語の影響の二つのポイントをテーマにして修士論文に仕上げました。

大学院修士課程二年に在籍中の二〇〇六年九月、大阪では六十年ぶりの定席、天満天神繁昌亭が開場しました。開場直後の十月末で席亭が退任するので急きょ支配人として赴任してくれないかと、春雨さんの兄弟子で当時の上方落語協会の桂春之輔(現・四代目春団治)副会長から要請がありました。連絡のあった翌日、繁昌亭会議室で桂三枝(現・六代文枝)会長と春之輔副会長にお目にかかり、受諾の返事をし、すぐに勤務先の和歌山放送に辞表を提出しました。

繁昌亭に着任したのは二〇〇七年一月で、現・桂文枝師匠がおっしゃる通りその日から私は「繁昌亭に関わる運命を開くこと」になりました。

二〇一二年の秋、天満橋の読売カルチャーセンターで「漱石と落語」と題する毎月一回の半年間講座の講師を務めました。ある日、面識のない産経新聞の袖中陽一記者から電話があり、産経紙に落語と文学について連載で書いてみないかとのお話でした。まず読売新聞系列の講師なのにそれでよいのか、また漱石なら何回か書けるかもしれないがあとの作家は自信がないと答えました。袖中記者は、繁昌亭支配人の肩書で書くので問題ない、漱石についてそれだけ書けそうなら他の作家でも書けるでしょ、と力づけてくれました。

漱石以外ですと、私の高校の先輩、坂口安吾が寄席好きであったことと、永井荷風が一時噺家であったことなどを思い出し、まず彼らから書いてみようと、二〇一三年一月から産経新聞大阪本社版で「繁昌亭支配人の落語×文学」の連載を隔月で開始しました。二か月に一回、明治以降の作家たちの作品を読み取り、落語や寄席からの影響や関わりを探り報告するという作業は思った以上に興味を覚え、私の関心を広げました。それとともに落語という芸能が日本文学研究者にこれまでさほど振り向かれもせず、本格的な研究書も書かれていないことに気づかされました。落語と文学との境界あるいはあわいを探求することも、私に課せられたテーマと心に決めました。

作家一人を取り上げると、不思議なことに次々と読んでみたくなる作家が表われ出し、懸念した連載の行き詰まりはありませんでした。しかし、産経新聞の連載が五年半三十三回を数えたところで、突然に打ち切りの連絡がありました。作家何人分かの材料集めを続けていたところでしたので、このままこの仕事を終えるのは心残りになり、以前繁昌亭に取材に来てくれたことのある大阪府保険医新聞の編集担当者に相談しました。

すると産経新聞が終了した二か月後に早くも紙面を提供してもらい、今度は毎月連載の同テーマの「繁昌亭支配人による連載　作家寄席集め」を始めました。毎月掲載になったので負担が大きくなるかとも思いましたが、その分字数が少なくなったのでさほど苦にはなりませんでした。

実は、この連載「作家寄席集め」は二〇二三年二月現在五十五回を数えて、なお続いています。まだまだ材料、資料には困らないので、大阪府保険医新聞のご厚意が続く限り、連載を継続していくつもりです。

本書は、前述した「落語×文学」三十三回分と「作家寄席集め」五十五回分を合わせ、校正、一部書き直したものです。出版にあたり、天満天神繁昌亭支配人にとお声がけくださった桂文枝師匠には今回、私と繁昌亭、また上方落語との関わりについて身に余る暖かいお言葉を書いていただき、感謝に堪えません。師匠は「現代の三遊亭円朝」と言われるほど創作落語を開拓した上方落語界の中興の祖で、繁昌亭とその後神戸新開地にも定席を作った功績は東西の落語史の中でも間違いなく名を残す存在です。漱石が『三四郎』作中に語らせた三代目柳家小さん論「小さんは天才である」「実は彼と時を同じうして生きてゐる我々は、大変な仕合せである」に倣うなら、文枝師と出逢った私は大変な仕合せでした。

大阪府保険医新聞は業界紙に近いため落語家の読者はほとんどいませんでしたが、産経新聞連載中は、桂春駒(二〇一三年十二月没)、桂三扇、林家染二、桂春之輔(現・四代目春団治)の各師に「読んでいるよ」「いつ本になるの」などと声をかけてもらっていました。連載が続いている最中は一本にまとめる気はありませんでしたが、二〇二一年一月公益社団法人上方落語協会の規定で支配人職は定年となり、非常勤職のアドバイザーとなりました。さらに二〇二二年六月思わぬことに、和歌山市立有吉佐和子記念館館長に就任、その機に妻の景子が落語と文学の双方に関係した連載をまとめるように再三にわたって奨励しました。

まとめるにあたっては、愛読している月刊誌「東京かわら版」の佐藤友美編集長から彩流社の河野和憲社長を紹介してもらいました。河野さんは、私が繁昌亭の勤務を始めて間もない二〇〇七年、ノンフィクションライターの佐山和夫さんが私に引き会わせようと繁昌亭に連れてきた人でした。和歌山放送時代、「佐山和夫のマンスリートーク」という番組を企画制作した私は、毎月一回佐山さんが住む和歌山県田辺市に出向き、日本一の大リーグ通の佐山さんに、大リーグとプロ野球について三十分たっぷりと語ってもらい、放送していました。その佐山さんが彩流社から新刊本を出すと言い、その編集担当が河野さんということで、二人が私の前に現れ、河野さんは和歌山県串本町生まれで、和歌山市の県立桐蔭高校の野球部出身とも聞かされて、縁の深さに驚きました。

その河野さんに今度は私が刊行にあたって多大なお世話をいただき、和歌山とのえにし、落語とのつながりにあらためて感慨深い思いを抱きました。皆さまには深くお礼を申し上げます。最後に、本書の実質的な出版発起人の妻とは実は、八王子の大学セミナーで知り合いました。当時東京女子大学の二年で、慶應義塾大学三年の私のほか早稲田大学、お茶の水女子大学などの学生たちと共に越智治雄ゼミに参加していました。知り合って二年半後に結婚しましたが、媒酌人は越智先生ご夫妻にお願いし、私をゼミに誘ってくれた藤井淑禎(現・立教大学名誉教授)も式に出席してくれました。思えば、漱石文学が仲立ちして越智先生、藤井が私たちを誘導し、この本を作ってくれたものと思います。二〇二三年六月は、越智先生没後四十年になります。先生の墓前に本書を捧げたく思います。

著者識

二〇二三年二月

【著者】

恩田雅和

…おんだ・まさかず…

1949年9月新潟県新潟市生まれ。県立新潟高等学校、慶應義塾大学文学部国文学科卒業、大阪大学大学院文学研究科修士課程修了。(株)和歌山放送プロデューサーを経て、2007年1月天満天神繁昌亭初代支配人。現在、天満天神繁昌亭アドバイザー、公益社団法人上方落語協会理事。2022年6月、和歌山市立有吉佐和子記念館初代館長。東海学園女子短期大学、和歌山大学、放送大学和歌山学習センター、放送大学新潟学習センター、四天王寺大学の各講師を歴任。著書に『落語ジャーナリズム』(1990年、有馬書店)、共著に『紀伊半島近代文学事典』(2002年、和泉書院)がある。

Sairyusha

落語《らくご》×文学《ぶんがく》

——作家寄席集め

二〇二三年三月二十日　初版第一刷

著者——恩田雅和

発行者——河野和憲

発行所——株式会社 彩流社

〒101-0051

東京都千代田区神田神保町3-10大行ビル6階

電話：03-3234-5931

ファックス：03-3234-5932

E-mail：sairyusha@sairyusha.co.jp

印刷——明和印刷(株)

製本——(株)村上製本所

装丁——中山銀士+金子暁仁

ISBN978-4-7791-2849-3 C0095

http://www.sairyusha.co.jp

フィギュール彩

〔既刊〕

㉞ 怪談論

稲田和浩◉著

定価(本体 1800 円+税)

さあさあ、寄ってらっしゃい、見てらっしゃい！　夏の暑い夜、夕涼みの客のこころを擱んだのは、爆笑落語でもなく、人情噺でもなく、どこか妖しく気味の悪い怪談だった。

㊷ たのしい落語創作

稲田和浩◉著

定価(本体 1600 円+税)

これまで考えなかった文章づくりのノウハウを伝授する。新作落語とは何か、そしてそこから学ぶオモシロオカシイ文章の作り方を考える。「落語」から文章づくりの骨法を学ぶ。

㊿ 〈男〉の落語評論

稲田和浩◉著

定価(本体 1800 円+税)

落語評論の主たる目的は次の三つ。(1)落語をひろく世間一般に知らしめること。(2)落語家の芸の向上を促すこと。(3)評論を通じて自己表現を行うこと。キモはコレだけだ。